A balatoni hajózás múltja és jelene

Szinyéri Tibor
2017
Publio Kiadó
www.publio.hu

KEDVES OLVASÓ

Harmadik könyvem a Balatoni Hajózási Zrt egykori és jelenlegi hajóiról szól.

Menetrendszerinti gőzhajózás a Balatonon 1845-ig abszolút nem létezett. Ekkor adta ki a legnagyobb magyar Széchenyi István a Balatoni Gőzhajózás című röpiratát melyben a balatoni gőzhajó közlekedés mielőbbi megindítását szorgalmazta. Széchenyi tisztában volt azzal, hogy ha a röpiratában leírtak megvalósulnak, akkor a tó tavasszal, nyáron, ősszel és télen, amíg be nem fagy a Balatonon a környék legfőbb közlekedési útvonalává válhatna. Széchenyi szavai meghallgatásra találtak és még 1845-ben megalakult a Balatoni Gőzhajózási Társaság mely a rákövetkező évben 1846. szeptember 21-én a Kisfaludy gőzhajó forgalomba állításával megindította menetrendszerinti járatait a Balatonon. A Balaton Gőzhajózási Társaság mai jogutódja a Balatoni Hajózási Zrt immáron 170 éve üzemeltet menetrendszerinti és sétahajó járatokat a Balatonon és ez a vállalat felel a kompközlekedésért is. Ez egy kitűnő cég kitűnő alkalmazottakkal és az ország legszebb hajóval. Hazánk csak büszke lehet, erre a vállalatra melyek ezeket a gyönyörű hajókat üzemben tartja és közlekedteti a Balatonon.

Azért választottam ezt a témát, mert 2 km-re lakom a Balaton déli partjától és kiskorom óta, amikor csak lehet, elmegyek Édesapámmal a balatonföldvári és a siófoki kikötőbe nézni a szebbnél szebb hajókat. Ez egy szerelem volt mely a mai napig tart. Bízok benne, hogy majd azok szíve is lángra lobban a balatoni hajózás iránt, akik ezt a könyvet majd olvassák.

Kellemes olvasást kívánok.

SZEMÉLYHAJÓK

KISFALUDY

A Kisfaludy (A képért köszönet a Közlekedési
Múzeumnak)

Legnagyobb hossz:	30 m
Legnagyobb szélesség:	12 m
Legnagyobb merülés:	0,9 m
Főgép típus:	Penn compaund gőzgép
Főgép teljesítmény:	40 LE
Maximális sebessége:	10-12 km/h
Szállítható maximális utas szám:	200 fő

A Kisfaludy a Balaton Gőzhajózási Társaság
gőzhajója volt mely elsőként közlekedett a
Balatonon. Nevét Kisfaludy Károly 1788 és 1830
között élt költő, drámaíró, festő után kapta.

A Kisfaludy eredetileg fából készült, nyitott
főfedélzetén három felépítmény volt, kettő a hajó

két oldalán melyekben a lapátkerekek voltak elhelyezve, és egy középen ahonnan az alsó fedélzetre illetve a gépházba lehetett lejutni. A hajónak árbocai is voltak egy a középső felépítmény mögött egy a kémény mögött. Az árbocokon vitorlák is voltak, de sosem használták őket. A kormány egészen hátul volt közvetlenül a kormánylapát tengelyén vízszintesen helyezkedett el. A 300 férőhelyes hajó belsejében az első osztályon egy könyvtár és egy ebédlő is ki volt alakítva.

A Kisfaludy 1846-ban épült Budapesten, a hajótestet ökrösszekérrel vontatták a Balatonra, gőzgépét Londonból Trieszten át hozták. Az út három hónapig tartott. Balatonfüreden szerelték össze. Az építési munkálatok felügyeletére egy Ujj János nevű csőszt alkalmaztak, akit Széchenyi gróf arra kért, hogy mondja el az építési munkálatokat figyelemmel kísérő embereknek, hogy itt egy hajó fog épülni melyet kerék fog meghajtani a kereket pedig gőz.

Mikor Széchenyi Gróf pár héttel később visszajött Balatonfüredre, hogy megnézze, hogy állnak a Kisfaludy összeszerelési munkálatai a következő párbeszéd játszódott le köztük:

- Elmondtad az embereknek, hogy itt egy hajó épül?
- Elmondtam.
- És elhitték?
- Nem hitték el.
- Elmondtad, hogy a hajót kerék fogja

hajtani?
- Elmondtam.
- Elhitték?
- Nem hitték el.
- Elmondtad, hogy a kereket gőz fogja hajtani?
- Azt már nem mondtam el, mert én magam sem hiszem el.
- De ha én mondom!
- Az a maga baja nagyságos uram, de engem ne nézzenek szamárnak.

Mikor még csak darabokban volt a hajó nyilvánvaló, hogy nem hitték el neki az emberek, hogy a szanaszét heverő alkatrészekből egy hajó épül, de miután összeszerelték és 1846. szeptember 21-én gróf Széchenyi István születésnapján megtette próbaútját a Balatonon kétséget sem fért hozzá. Működésének kezdeti időszakában Keszthelyről, Keneséről, és Alsóörsről szállított utasokat Balatonfüredre, az 1840-es évek balatoni idegenforgalma elsősorban Balatonfüredre koncentrálódott. Az 1848-1849-es forradalom és szabadságharc alatt a délvidéki harcok utánpótlását biztosította és hadifoglyokat szállított. 1848. szeptember 21-én István főherceget Magyarország nádorát szállította Balatonfüredről Balatonszemesre, hogy találkozhasson Jelačić horvát bánnal, aki V. Ferdinánd osztrák császár szövetségét és támogatását élvezve betört Magyarország területére. A találkozó nem jött létre, mert Jelačić nem mert felszállni a hajóra. 1849 márciusában pedig Noszlopy Gáspár szabadcsapatát szállította a Balaton északi partjára, hogy innen menjenek tovább Komáromba. 1863-tól fokozatosan beszüntette az összes járatát és csak Siófok és Balatonfüred között közlekedett. 1869-ben átépítették, elavult fa testét vasépítésűre cserélték és a hátsó árbocot eltávolították. 1885-ben egy nagyobb szél a siófoki mólóhoz csapta a hajót, de nem lett semmi baja ennek ellenére kapitánya Keöd József már nem bízott benne és csak 200 utast volt hajlandó rajta szállítani az eredeti 300 helyett. 1887-ben szétbontották.

BAROSS

A Baross modellje a Magyar Közlekedési
múzeumban

Legnagyobb hossz:	46,8 m
Hossz a függélyek között:	10,00 m
Legnagyobb szélesség:	5,70 m
Oldalmagasság:	2,36 m
Legnagyobb merülés:	0,8 m
Főgép típus:	compaund gőzgép
Főgép teljesítmény:	150 LE
Maximális sebessége:	12 km/h
Szállítható maximális utas szám:	450 fő

A Baross gőzhajó az 1887-ben megszűnt
Balaton Gőzhajózási Társaság jogutódjának a
Balatontavi Gőzhajózási Rt-nek volt a hajója.

1891-től viselte Baross Gábor néhai közlekedési miniszter nevét eredeti neve Kelén volt.

A Baross középen elhelyezett felépítményében egy zárt utastér volt kialakítva a kormányállás és a kémény ennek tetején a volt. A főfedélzet nyitott volt, de ha kellett le lehetett fedni az egészet. A felépítmény előtt és mögött egy-egy árboc is volt.

A hajó 1889-ben épült Budapesten és 1889. július elsején állították forgalomba az Almádi - Füred - Siófok - Füred - Almádi útvonalon akkor még Kelénnek hívták. Amikor Baross Gábor közlekedési miniszter elhunyt az ő tiszteletére átkeresztelték Barossra. 1921-ben kivonták a forgalomból, négy évvel később szétbontották.

ROHÁN

Rohán (Forrás: hajokanno.balatonihajok.hu)

Hossz a függélyek között:	14,00 m
Szélesség a főbordán:	2,70 m
Oldalmagasság:	1,40 m
Legnagyobb merülés:	0,90 m
Főgép teljesítmény:	48 LE

A Rohán a Balatontavi Gőzhajózási Rt hajója volt. Neve egy balatoni népmeséből származik mely Kelén a szegény halászlegény és Helkal a szépséges hercegkisasszony szerelméről szól. A történetben Rohán a vak herceg, akinek kastélya van Tihanyban és Helka édesapja.

A Rohánnak főfedélzete nyitott volt, két felépítménye közül az egyik a kémény előtt a másik mögötte volt, mindkettőben egy-egy zárt utastér volt kialakítva, a főfedélzet elülső részében egy árboc is volt.

A Rohán 1888-ban épült Budapesten, 1890-ban került a Balatontavi Gőzhajózási Rt-hez. Kezdetben a Révfülöp – Boglár – Badacsony útvonalon közlekedett. 1900-ban Somogy néven a Balatoni Halászati Rt-hez került és vontatóként üzemelt. 1905-ben a Dunára került. További sorsa ismeretlen.

KELÉN

Legnagyobb hossz:	35,22 m
Hossz a függélyek között:	31,45 m
Legnagyobb szélesség:	5,36 m
Szélesség a főbordán:	5,00 m
Fixpont magasság:	7,50 m
Oldalmagasság:	2,57 m
Legnagyobb merülés:	1,58 m
Vízkiszorítás:	145-176 t
Befogadó képesség:	160 fő
Főgép típus:	SKL 6 NVD 36 AU-1
Főgép teljesítmény:	422.1 lóerő

A Kelén gőzgépe (A képért köszönet Csonka Dávidnak

    A Kelén a Balatoni Hajózási Zrt egyik legidősebb és legszebb hajója és testvérhajójával a Helkával együtt a vállalat legféltettebb kincsei. Neve ugyanabból a balatoni népmeséből származik ahonnan a Rohán is kapta a nevét. A történetben Kelén a szegény halászlegény Helka szerelme.

A hajó felső fedélzete nyitott a főfedélzetén két kisebb nyitott és egy nagy zárt utastere van. A zárt utastér fa burkolású és a bútorzata is fából van. Kormányszerkezete hidraulikus előrehaladás közben a főmotor manőverezés közben pedig a segédmotor szivattyúja segíti a kormánylapát mozgatását. A hajó gerince dobozos betonnal kiöntve. Úgy tartják róla, hogy avatatlan kezekben "makrancossá" válik a gőzösből dízellé átépített vízi jármű, hozzáértő irányításával viszont a legbiztonságosabb a tavon.

A Kelén belülről (Forrás: www.hajoregiszter.hu)

A Kelén 1891-ben épült Budapesten. Alkatrészenként hozták a Balatonra és Balatonfüreden szerelték össze. Először 1891. április 17-én szállított utasokat. Eredetileg nem úgy nézett ki, mint ahogy napjainkban látható. A felépítménye fele olyan hosszú volt, mint ma és nyitott kormányállása volt. 1895. augusztus 25-én óriási viharba került emiatt 10 órás késéssel tette meg a Siófok – Keszthely utat. 1927-ben rászaladt a tihanyi halásztelep előtti homokzátonyra, amelyről hat órás csörlőzéssel sikerült leszedni. 1945. március 27-én a saját legénysége a révfülöpi kikötőben elsüllyesztette így akadályozva, meg hogy a németek felrobbantsák. A harcok elmúltával kiemelték, 1946-ban helyreállították és újra üzembe helyezték. 1955-ben kicserélték a gőzgépét, az eredeti ma a Balatoni Hajózási Zrt igazgatósági épületének udvarán van kiállítva. 1962-ben egy 300 lóerős Buckau-Wolf dieselmotor beépítésével átépítették motoros utasszállítóvá és ekkor nyerte el mai külsejét is. 1984-ben ismét főgép cserét hajtottak végre rajta, ekkor egy 6 hengeres SKL típusú dieselmotort kapott és ugyanebben az évben szerepelt A világítóhajó című filmben volt látható. 1985-ben kapta a 422,1 lóerős SKL főgépét. 1988-ban szerepet kapott András Ferenc Vadon című filmjében. A film 10 évvel az 1848-1849-es forradalom és szabadságharc leverése után játszódik, és arról szól, hogy Batiszy Kristóf visszatér Magyarországra az emigrációból, hogy Kossuth Lajos új seregébe katonákat toborozzon.

*Vörös János egykori hajóasztalos részt
vett a film kellékeinek elkészítésében. Így
emlékszik vissza:*

*„A filmeseknek készítettünk berendezést
szegecselés utánzatú fa dolgokkal a
burkolatokat a lapátkereket elhagyták
menetközben ujjat kellett készíteni sürgősen a
vihart a kollégám tűzoltó szivattyúval
mosatták vödörrel öntözték a Siófoki kikötőbe
a hajót."*

1989-ben azt tervezték, hogy leselejtezik és
múzeumhajót csinálnak belőle, de végül
felújították. Működése során két alkalommal
mentett ki embert a Balatonból. Először mikor
Szigliget felé tartott egy gumicsónakból mentett
ki hat gyereket, akiket vélhetően kisodort a víz a
tó közepére. Második alkalommal egy hirtelen
kerekedett viharban lengén öltözött fiatal párt
mentettek ki egy hánykolódó csónakból miután
behúzták őket a hajóra a hölgy mérgében úgy
megütötte a párját, hogy eleredt az orra vére.
Vélhetően 2017-ben gépészeti felújításon fog
átesni. Új főmotort és egy orrsugár kormány
beépítésre kerülni. Új hajógerincet is a jelenlegi
betonnal kiöntött dobozos gerinc helyére.
A Kelén testvérhajójával a Helkával együtt a
Balatoni Hajózási Zrt legidősebb hajója mely
nosztalgia hajóként közlekedik a Balatonon főleg
Balatonfüreden és Siófokon.

HELKA

A Helka (a jobb oldali) testvérhajójával a Siófoki
kikötőben

Legnagyobb hossz:	35,22 m
Hossz a függélyek között:	31,45 m
Legnagyobb szélesség:	5,28 m
Szélesség a főbordán:	5,00 m
Fixpont magasság:	7,50 m
Oldalmagasság:	2,57 m
Legnagyobb merülés:	1,58 m
Vízkiszorítás:	145-176 t
Főgép típus:	DOOSAN L086TIH
Főgép teljesítmény:	285 LE
Holtvizi sebesség:	18 km/h

Befogadó képesség: 160 fő

A Helka belülről (Forrás: www.hajoregiszter.hu)

A Helka a Kelén testvérhajója és egyben a Balatoni Hajózási Zrt legidősebb hajója. Neve ugyanabból a balatoni legendából származik, mint a Keléné és a Roháné. A népmesében Helka Kelén szerelmének tárgya és Rohán lánya.

A hajó felső fedélzete nyitott a főfedélzetén két kisebb nyitott és egy nagy zárt utastere van. A zárt utastér fa burkolású és a bútorzata is fábol van.

A Helkát 1891-ben építették Budapesten. Eredetileg nem úgy nézett ki, mint ahogy napjainkban látható. Alkatrészenként hozták Balatonfüredre ahol összeszerelték és 1891. Június 28-án került vízrebocsátásra. 1929-ben jégbe fagyott Fonyód kikötője előtt. 1945.

március 23-án a németek felrobbantották Balatonfüreden a harcok elmúltával kiemelték és helyreállították. Helyreállítását követő első útjára 1946. szeptember 21-én a Balatoni személyhajózás megindításának századik évfordulóján került sor. 1955-ben új gőzgépet kapott. 1961-ben egy 300 lóerős Láng dieselmotor beépítésével átépítették motoros utasszállítóvá és ekkor nyerte el mai külsejét is. 1977-ben üzemen kívül helyezték, kiemelték és ingyen odaadták a balatonfüredi tanácsnak. Úgy volt, hogy múzeumot alakítanak ki benne, de végül presszó lett belőle. Mészáros Gyula 1980-ban készült Pogány Madonna című filmjének több jelenete is a már diszkóvá alakított Helkán játszódik. Az évek során a Helka környékét benőtte a bazárváros és a területen lévő kereskedelmi egységes súlyos károkat okoztak a hajóban. 1994-ben a MAHART visszavásárolta a hajó maradványait és 120 millió forintból helyreállította.

Pukló Péter részt vett a hajó vízre eresztésében és felújításában. Így emlékszik vissza: „Füreden be kellett foltoznunk. Majd Siófokon ismét lukakat vágni a testen. A teljes fenéklemezt cserélni kellett így kezdtük. Közben lángra kapott az olaj a géptér aljában... Majdnem úgy jártunk, mint a Petőfi gőzös. A bajt csak tetézte, hogy mellette sólyára felpakoltuk a Balatonboglár halászhajót azon ugyanúgy réseket vágtunk. Közben beizzott az is...”

**A Helka a naplementében (A képért köszönet a
Balatoni Hajózási Zrt-nek**

1996-ban került újra forgalomba. 2014-ben
került beépítésre a 285 lóerős Doosan motorja.
Csonka Dávidnak a Balatoni Hajózási Zrt
okleveles hajómérnökének sikerült megoldania,
hogy a hajó egyetlen tengelygenerátorral
menetrendi és séta üzemmódban is a megfelelő
frekvenciájú áramellátást biztosítsa. Ezen kívül
még orrsugár kormány is beépítésre került a jobb
manőverezhetőség érdekében. A Helka a
testvérhajójával együtt a Balatoni Hajózási Zrt
legidősebb hajója mely nosztalgia hajóként
közlekedik a Balatonon főleg Keszthelyen.

KISFALUDY

Kisfaludy (Forrás: www.hajoregiszter.hu)

Hossz a függélyek között:	27,65 m
Szélesség a főbordán:	4,30 m
Oldalmagasság:	2,40 m
Legnagyobb merülés:	1,35 m
Főgép típus:	Gőzgép
Főgép teljesítmény:	100 LE

A Kisfaludy a Balatontavi Gőzhajózási Rt hajója volt. Nevét a Magyar Tudományos Akadémia Alapítójáról Kisfaludy Sándorról kapta.

A Kisfaludy kis felépítményében egy kis zárt utastér volt kialakítva a főfedélzet elülső része nyitott volt a hátsó részét le lehetett fedni ponyvával. A kormányállás a felépítmény tetején volt. A főfedélzeten egy árboc is volt. A Kisfaludy 1909-ben épült Budapesten. Alkatrészenként szállították a Balatonra és siófoki összeszerelését követően a Keszthely – Fonyód – Badacsony útvonalon állították szolgálatba. 1924-ben Balatonkenesénél a sekély vízben elvesztette hajócsavarjának három lapátját. 1927-ben elszenvedte ugyanazt a balesetet, mint a Kelén, rászaladt a tihanyi halásztelep előtti homokzátonyra. 1929-ben a badacsonyi bányarakodó közelében uszályból kidobott kövektől letörött a hajócsavarjának egyik lapátját. 1941-ben Almádi partjainál fennakadt egy kőrakáson az uszály melyet vontatott elszabadult. 1945. március 26-án a németek felrobbantották Balatonfüreden. 1946-ban kiemelték és újjáépítették. 1959-ig közlekedett a Balatonon. 1959-ben leselejtezték és szétbontották.

JÓKAI

Legnagyobb hossz:	36,10 m
Hossz a függélyek között:	28,25 m
Legnagyobb szélesség:	5,30 m
Szélesség a főbordán:	4,76 m
Oldalmagasság:	2,45 m
Legnagyobb merülés:	1,60 m
Vízkiszorítás:	116,8 t
Főgép típus:	Carterpillar 3306 B (DITA)
Főgép teljesítmény:	290 LE
Hajtómű típusa:	Twindisc MG 509 XMSN, i = 3,83:1

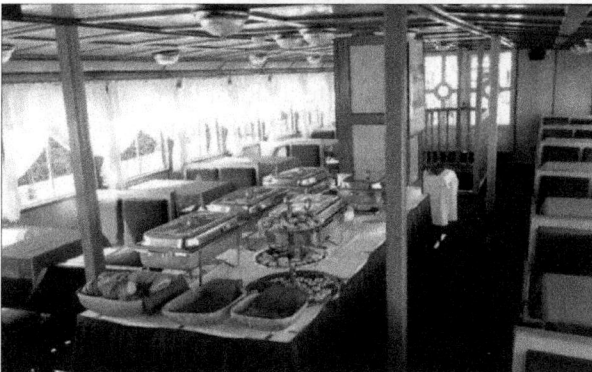

A Jókai belűlről (A képekért köszönet a Vanyolai Hajózási Kft-nek)

A Jókai a Vanyolai Hajózási Kft legidősebb hajója. Nevét A kőszívű ember fiai, Az aranyember, az Egy magyar Nábob, a Kárpáthy Zoltán és az És mégis mozog a föld című regények írójáról Jókai Mórról kapta.

A hajó felső fedélzete nyitott a főfedélzetén két kisebb nyitott és egy nagy zárt utastere van.

A zárt utastér fa burkolású és a bútorzata is fából van.

A Jókait 1913-ban épült a Balatontavi Gőzhajózási Rt utolsó gőzhajójaként. Budapesten. Alkatrészenként szállították Siófokra ahol összeszerelték. Vízrebocsátására 1913. június 28-án próbaútjára július 2-án került sor. 1944-ben négy balesete volt. 1944. október 15-én súlyosan megrongálódott, amikor a Szigliget motoros hátulról belerohant, öt nappal később a vízbe esett és eltűnt a hajó egyik utasa. Ugyanennek a hónapnak az egyik éjszakáján összeütközött a Csongor motorossal. A balesetet az okozta, hogy a Jókai személyzete a Csongor jelzőfényét összetévesztette a siófoki mólóéval. Az akkor meg fatestű Csongor oldala a gépháznál beszakadt. 1944 októberének utolsó napján súlyosan megrongálódott, amikor akna robbant a közelében, a kapitány és a kormányos súlyosan megsérült ennek ellenére sikeresen be tudták navigálni Keszthelyre. A második világháborúban járőrszolgálatot teljesített a Balatonon. 1945. március 26-án a németek felrobbantották Balatonfüreden. 1946-ban kiemelték, helyreállították és két év múlva üzembe helyezték. 1963-ban egy 300 lóerős Buckau-Wolf dieselmotor beépítésével átépítették motoros személyszállító hajóvá. 1980-ban a Körösvidéki Vízügy, a Gyulai ÁFÉSZ és a Békés Megyei KISZ jelképes, 100 forintos áron vásárolta meg, hogy a Körösön a szanazugi üdülőkörzetben vendéglátóhelyet rendezzenek be rajta. A tervekből nem lett semmi, a belső átalakítások után elfogyott a pénz, a többször és egyre magasabb áron gazdát cserélő, egyre lepusztultabb hajót tíz évvel később egy áradás vetette ki a partra Gyoma alatt. Vanyolai Sándor a hajó egykori gépésze, 1998-ban vásárolta meg a hajót. 1998-99-ben Tiszalökön Kurusa Sándor hajómérnök vezetésével felújították melynek részeként megkapta a 290 lóerős Carterpillar motorját. 2000-ben áthajóztak vele a Dunára. Ez alatt az idő alatt szerepelt a Hídember c. filmben. Két évvel később visszahozták a Balatonra.

A Jókai ma Balatonfüreden teljesít, sétahajó szolgálatot ezen kívül számos programnak biztosít helyszínt. Alkalmas http://www.vanyolai.hu/huleánybúcsúk esküvők és egyéb céges programok lebonyolítására.

Jókai a naplementében (A képért köszönet a Vanyolai Hajózási Kft-nek

Az előbb felsorolt programok közül talán a legszebb egy esküvő melyre a hajót kibérlik.

Hogy hogyan készítik fel a hajót egy ilyen eseményre annak titkaiba a hajó egyik tulajdonosa Vanyolai Szilárd ad betekintőt:

„Ha esküvő készül, előtte mindenképp találkozok a jegyes párral, és megkérdezem őket mi az álmuk, hogy szeretnék, ha zajlana a ceremónia. Aztán a nagy napon jön a virágos díszíteni, kiöltözünk csinosba, jön az anyakönyvvezető és kezdődik a ceremónia.”

PAJTÁS

A Pajtás fotója és adatai eredeti állapotban:
(Forrás: www.hajoregiszter.hu)

Legnagyobb hossz:	27,18 m
Legnagyobb szélesség:	5,20 m
Szélesség a főbordán:	4,60 m
Fixpont magasság:	5,80 m
Oldalmagasság:	3,45 m
Legnagyobb merülés:	1,50 m
Főgép teljesítmény:	2x150 LE

A Pajtás fotói és adatai az átépítés után:

Legnagyobb hossz:	26,33 m
Hossz a függélyek között:	25,05 m
Szélesség a főbordán:	4,55 m
Fixpont magasság:	5,29 m
Oldalmagasság:	2,23 m
Legnagyobb merülés:	1,24 m
Főgép típus:	2x LÁNG OML 674
Főgép teljesítmény:	2x150 LE

A Pajtás a Magyar Folyam és Tengerhajózási Rt hajója volt. Nevéhez fűződik a Balatoni hajózás történetének legtragikusabb balesete.

A hajó belsejében egy zárt utasteret alakítottak ki a felette levő sétafedélzet hátsó kémény mögötti részét ponyvával fedték be. A hajónak volt egy jelzőárboca is elől.

A Pajtás 1918-ban épült Budapesten és II. számú csavargőzösként bocsátották vízre. Dunai átkelőhajóként szolgált, amíg a második világháborúban Budapest ostroma során el nem süllyedt. 1946-ban kiemelték, helyreállították és újra üzembe helyezték. 1950-ben került a Balatonra, hogy a háború után megnövekedett idegenforgalmat kielégítse ekkor kapta a Pajtás nevet. Forgalomba állítása előtt átépítették. Az eredetí négyzet alakú kajütablakokat a balatoni hajózási szabályoknak megfelelő kör alakúakra cserélték, a sétafedélzet teljes egészét tetővel fedték be és nagyobb hajócsavart kapott. 1953-ban a Ciripán forrás közelében lévő kőpadon letörött a hajócsavarja és a kormánylapát is elgörbült. 1954. május 30-án Siófokról indulva Balatonfüred érintésével Tihany felé tartott fedélzetén 192 utassal. Éppen elhagyta a balatonfüredi kikötőt, amikor az összes utas a hajó bal oldalára tömörült, hogy lássák az aznap megrendezett vitorlás verseny rajtját. A hajó hirtelen balra billent, majd imbolyogni kezdett. A megijedt utasok a hajó jobb oldalra szaladtak, mire a hajó jobbra dőlt. Az utasok ismét átszaladtak a baloldalra a Pajtás ekkor ismét balra dőlt és felborult. A balestben 23-an meghaltak és 50-en megsebesültek. A nagyobb tragédiát a legénység egyik tagjának önfeláldozása akadályozta, meg aki kiengedte a kazánból a gőzt nehogy felrobbanjon. A helyszínen tartózkodók a vitorlásverseny résztvevőit is beleértve azonnal a hajótöröttek segítségére siettek. A balesetnek kevesebb áldozata is lehetett volna, ha a helyszínen tartózkodó ÁVH-sok a szemtanúk megfenyegetése és fényképezőgépeik elvétele helyett részt vettek volna a mentésben.

Az akkor hat éves Szoboszlay Mária és
édesapja egyike voltak a baleset túlélőinek.
Mária néni így idézi fel megmenekülésüket:
"Amikor el kezdett billegni a hajó, édesapám
engem kidobott a vízből a móló felé, hogy rám
ne dőljön a hajó. Ő is kiugrott, próbált
utánam úszni, de a fuldoklók lehúzták, még a
ruháját is letépték. Én annyira tudtam már
úszni, hogy kalimpálva lebegtem a vízen.
Mikor végre utolért, már annyira kimerült,
hogy mindketten elmerültünk. Egy vitorlás
mentett ki bennünket. Édesapámat lefektették
a parton, engem meg bevittek a Vitorlásba
átöltözni"

Deák István okl. hajóskapitány, volt nautikai
és igazságügyi hajózási szakértő kutatásai
alapján a hajó nem volt sem az engedélyezettnél,
sem a szokásosnál jobban túlterhelve.
Felborulásában szerepet játszhatott, hogy a
magas rendszersúlypontú hajó a füredi kikötőből
a parti Tagore sétány felé indulva jobbforduló
közben ráfuthatott az elbontott régi kikötő víz
alatt maradt cölöpjére, és ez által kibillenhetett az
egyensúlyából. A baleset után Heinsz Pál
kapitányt és a legénység életben maradt tagjait
azonnal letartóztatták. A kapitány nyolc és fél
hónapig volt előzetes letartóztatásban. Első
fokon 30 év börtönre ítélték melyet másodfokon
nyolc és fél hónapra enyhítettek, de nem
hajtották végre az ítéletet, mert az előzetes
letartóztatással letöltöttnek tekintették. A
tragédiáról nem volt szabad beszélni még
telefonon sem, mert az államvédelmisek a

telefonokat is lehallgatták. A baleset után a Pajtást kiemelték, visszaépítették eredeti kivitelére és újra üzembe helyezték. 1957-ben átépítették motoros személyhajóvá. Két 150 lóerős Láng dieselmotort és egy a vízibuszokéhoz hasonló felépítményt kapott melynek belsejében egy zárt utasteret alakítottak ki a tatfedélzetet meghagyták nyitottnak. A kormányállás a felépítmény tetejére került. Az átépítéssel együtt átkeresztelték Siófokra. 1959-ben Dömsöd néven visszavitték a Dunára. 1987-ben kivonták a forgalomból.

A hajó ma a Pilismaróti roncstemetőben van.

IFJÚGÁRDA

Ifjúgárda (Forrás: www.hajoregiszter.hu)

Legnagyobb hossz:	27,18 m
Legnagyobb szélesség:	5,20 m
Szélesség a főbordán:	4,60 m
Fixpont magasság:	5,80 m
Oldalmagasság:	3,45 m
Legnagyobb merülés:	1,50 m
Főgép teljesítmény:	120 LE

Az Ifjúgárda a Pajtás testvérhajója mely 1950 és 1964 között közlekedett a Balatonon.

A hajó belsejében egy zárt utasteret alakítottak ki a felette levő sétafedélzet hátsó kémény mögötti részét ponyvával fedték be. A hajónak volt egy jelzőárboca is elől.

Az Ifjúgárda 1920-ban épült Budapesten és V. számú csavargőzösként került vízrebocsátásra. Akárcsak a Pajtás az Ifjúgárda is dunai átkelőhajóként funkcionált, amíg a második világháborúban el nem süllyedt. A harcok elmúltával kiemelték, helyreállították és újra üzembe helyezték. 1946-ban ezzel a hajóval indult újra a menetrendszerinti hajózás Budapest és Dömös között a szentendrei ágon. 1950 és 1964 között közlekedett a Balatonon, Ifjúgárda néven. Balatoni szolgálati idejét zavartalanul mindenféle probléma nélkül szolgálta végig. 1964-ben leselejtezték, átadták a Közép Duna völgyi Vízügyi Igazgatóságnak és még abban az évben szétbontották.

ÚTTÖRŐ

Úttörő (Forrás: www.hajoregiszter.hu)

Legnagyobb hossz:	27,18 m
Legnagyobb szélesség:	5,20 m
Szélesség a főbordán:	4,60 m
Fixpont magasság:	5,80 m
Oldalmagasság:	3,45 m
Legnagyobb merülés:	1,50 m
Főgép teljesítmény:	120 LE

Az Úttörő a Pajtás és az Ifjúgárda testvérhajója volt mely 1950 és 1964 között közlekedett a Balatonon.

A hajó belsejében egy zárt utasteret alakítottak ki a felette levő sétafedélzet hátsó kémény mögötti részét ponyvával fedték be. A hajónak volt egy jelzőárboca is elől.

Az Úttörőt VIII. számú csavargőzös néven 1921-ben épült és került vízrebocsátásra Budapesten. Akárcsak a másik két testvérhajója az Ifjúgárda is dunai átkelőhajóként közlekedett, amíg a második világháborúban el nem süllyedt. A harcok után kiemelték és helyreállították. 1950-ben átkeresztelték Úttörőre és a Balatonra került. Balatoni szolgálati idejét zavartalanul mindenféle probléma nélkül szolgálta végig. 1955-ben átépítették. 1964-ben visszavitték a Dunára és a rá következő évben kiselejtezték és szétbontották.

GULÁCS

Gulács (Forrás: www.hajoregiszter.hu)

Legnagyobb hossz:	37,325 m
Hossz a függélyek között:	36,45 m
Legnagyobb szélesség:	6,67 m
Szélesség a főbordán:	6,35 m
Fixpont magasság:	7,00 m
Oldalmagasság:	2,17 m
Legnagyobb merülés:	1,50 m
Vízkiszorítás:	169 t
Főgép típus:	SKL 6NVD36A-1U
Főgép teljesítmény:	422.1 lóerő
Holtvizi sebesség:	21 km/h
Befogadó képesség:	400 fő

A Gulács a Dunayacht & Dock Kft személyszállító hajója mely ma Vén Duna néven közlekedik a Dunán. Három testvérhajója van a Boss, az Attila és a Hunnia. A Hajó belsejében egy zárt utastér van kialakítva a felső fedélzet tágas és nyitott. A felső fedélzetnek a felépítmény mögötti része felülről fedett.

A Gulács 1921-ben épült Budapesten öt másik testvérhajójával együtt. A Gulács LV. Számú csavargőzös néven került vízrebocsátásra. Eredetileg a görög Sztathatosz testvérek számára épült, akik a Dunán működtetek hajózási vállalkozást, de a társaság tönkrement és a hajókat a Magyar Folyam és Tengerhajózási vállalat vette meg. A Gulács a második világháború kitöréséig Budapest és Esztergom között közlekedett. 1941-től katonai szolgálatot teljesítet a Duna délvidéki szakaszán. 1944-ben elsüllyedt. A harcok elmúltával kiemelték, helyreállították és újra üzembe helyezték. 1964-ben egy 400 lóerős Láng gyártmányú dieselmotorra cserélték a 260 lóerős gőzgépét, kiszélesítették a hajótestet és átépítették a felépítményt. Az átépítés eredményeképpen 400 fő szállítására lett képes. 1968-ban Szentendre néven került a Balatonra ahol a Siófok – Badacsony - Balatonkenese – Balatonföldvár útvonalakon közlekedett. 1979-ben kapta meg azt a 422,1 lóerős SKL dieselmotorját mely talán napjainkban is üzemel benne. 1991-ben átkeresztelték Gulácsra. Az 1990-es években a menetrendszerinti közlekedés mellett diszkó hajóként is funkcionált. Ez a feladatkör 2-3 órás éjszakai sétahajózásból állt úgy, hogy korabeli diszkózene szólt a fedélzetén és ki volt világítva színes égősorokkal. 2004-ben kiselejtezték a motorját egy elevátorhajóba építették be. 2005-ben megvásárolta a Dunayacht & Dock Kft és a Sión visszavontatták a Dunára. 2006–2010 között teljesen átépítették és modernizálták, visszakapta az SKL főgépét. A főfedélzetet kiszélesítették, egy részét ponyvával fedték. 2010-től ismét a Dunán állt üzembe sétahajóként Vén Duna néven.

ERCSI

Ercsi (Forrás: www.hajoregiszter.hu)

Legnagyobb hossz:	37,33 m
Hossz a függélyek között:	36,45 m
Szélesség a főbordán:	6,35 m
Fixpont magasság:	7,00 m
Oldalmagasság:	2,17 m
Legnagyobb merülés:	1,50 m
Vízkiszorítás:	200-253 t
Főgép típus:	SKL 6NVD36A-1U
Főgép teljesítmény:	315 LE
Holtvizi sebesség:	21 km/h
Befogadó képesség:	400 fő

Az Ercsi a Gulács a Zebegény és a Hunnia testvérhajója mely a Guláccsal együtt Dunayacht & Dock Kft zászlaja alatt közlekedik a Dunán Boss néven.

A hajó főfedélzetének elülső része nyitott, zárt felépítményének belsejében egy tágas zárt és a tetején egy nyitott utastér van kialakítva.

Az Ercsit LL. Számú csavargőzös néven 1921-ben épült Budapesten a Sztathatosz testvérek számára. Vállalkozásuk csődbemenetele után testvérhajóival egyetemben a Magyar Folyam és Tengerhajózási Rt vette meg. A második világháborúban a Királyi Magyar Folyamőr Erők I. Őrnaszádosztályában teljesített katonai szolgálatot. 1945-ben a szovjetek hadizsákmánya lett Tbiliszi néven a Szovjetunióba vitték. 1955-ben került vissza Magyarországra. 1964-ben elvégezték rajta ugyanazokat az átépítési munkálatokat, mint a Gulácson. 1968-ban a Guláccsal együtt a Balatonra került ahol a Balatonkenese – Tihany vonalon állították szolgálatba. 1979-ben ismét átépítették. A fedélzet hátsó részét beépítették és ekkor kapta meg a 315 lóerős SKL dieselmotorját. 1991-ben átkeresztelték Bakonyra. 2005-ben ünnepélyes keretek között búcsúztatták. 2005-ben a Dunayacht és Dock Kft-hez került mely Újpest-Megyeren átépíttette jelenlegi kivitelére és Boss néven állították szolgálatba. Napjainkban is a Dunán közlekedik.

ZEBEGÉNY

Zebegény (Forrás: www.hajoregiszter.hu)

Legnagyobb hossz:	37,33 m
Hossz a függélyek között:	36,45 m
Legnagyobb szélesség:	6,67 m
Szélesség a főbordán:	6,35 m
Fixpont magasság:	7,00 m
Oldalmagasság:	2,17 m
Legnagyobb merülés:	1,50 m
Vízkiszorítás:	200-253 t
Főgép típus:	2 x Daewoo L086
Főgép teljesítmény:	2x250 LE
Holtvizi sebesség:	21 km/h
Befogadó képesség:	400 fő

A Zebegény a Gulács az Ercsi és a Hunnia testvérhajója mely ma a Panoráma Deck Hajózási Kft tulajdonában közlekedik a Dunán, Attila néven.

A hajó elülső és a tatfedélzete nyitott, hatalmas felépítményében a kormányállás mögött egy exkluzív zárt utastér lett kialakítva.

A Zebegény LIV. Számú csavargőzös néven épült Budapesten a Sztathatosz testvérek számára. Hajózási vállalatuk csődbemenete után a Guláccsal, az Ercsivel és három másik testvérhajójával együtt a Magyar Folyam és Tengerhajózási Rt-hez került. A második világháborúban a Jugoszláviai hadműveletek idején a Királyi Magyar Folyamőr Erők II. Őrnaszádosztályában teljesített katonai szolgálatot, 1944-ben el is süllyedt. A harcok elmúltával kiemelték, helyreállították és újra forgalomba állították. 1950-től 1955-ig a Budapest – Dunaszekcső vonalon vontató szolgálatot teljesített. 1965-ben elvégezték rajta ugyanazokat az átépítési munkálatokat, mint a Gulácson és az Ercsin. 1968-ban került a Balatonra ekkor kapta a Zebegény nevet. 1991-ben Halápra keresztelték át. 1985-ben miközben kikötéshez készült Balatonszemesen, egy manőver során lefulladt a motorja és fennakadt a köveken. A hajócsavar leesett, 3 napi keresés után találták meg. 1994-ig közlekedett a tavon ekkor kiselejtezték, motorját a Magyar Hajózási Szakközépiskola tulajdonában lévő testvérhajója a Hunnia kapta meg. 1996-ban levontatták a Dunára, évekig állt az újpesti öbölben. 1998-ban a Panoráma Deck Hajózási Kft megvásárolta és átépíttette ekkor kapta az Attila nevet is. Két 150 lóerős Rába motort kapott, gépházát hátrébb helyezték és egy exkluzív utasteret alakítottak ki a hajótestben. 2013-ban két 250 lóerős Daewoo motort kapott és teljesen felújították Révkomáromban. Ma Attila néven közlekedik a Dunán.

CSOBÁNC

A csobánc motoros (Forrás: Zátonyi Gergely - www.bhkeptar.hu)

Legnagyobb hossz:	25,32 m
Legnagyobb szélesség:	5,38 m
Fixpont magasság:	7,60 m
Oldalmagasság:	3,15 m
Legnagyobb merülés:	1,90 m
Főgép típus:	Solé Diesel SDZ-205 (6 hengeres Deutz)
Főgép teljesítmény:	145 (2300 rpm) kW
Befogadó képesség:	66 fő

A Csobánc a Balatoni Hajózási Zrt egyik nosztalgia hajója mely egy Veszprém megyében található vulkanikus eredetű hegyről kapta a nevét. Egy testvérhajója van a ma Pannónia néven, a Dunán közlekedő Szigliget.

A Csobánc Siófokon (A képért köszönet Pukló Péternek)

A Csobánc főfedélzete nyitott, hátsó része felülről fedett a hajótestben a kormányállás mögött egy tágas, zárt utasterem van berendezve. A hajón napozófedélzet, kártyaterem és bár is van. A hajónak van egy jelzőárboca is melyen villanyvilágítás és reflektorok vannak, hogy éjszaka is tudjon közlekedni.

A Csobánc 1927-ben épült Budapesten. Darabokban alkatrészenként szállították Siófokra ahol összeszerelték és vízire bocsátották. 1944. december elsején egy esetleges légitámadástól tartva légelhárító fegyverekkel szerelték fel a balatonfüredi hajógyárban. 1945. március 23-án a németek felrobbantották Balatonfüreden. 1946-ban kiemelték és újjáépítették. 1947-ben főgép cserét hajtottak végre rajta, 140 lóerős Láng gyártmányú dieselmotorját mely ma a Balatoni

Hajózási Zrt igazgatósági épületének udvarán van kiállítva egy 170 lóerős Ganz gyártmányúra cserélték. 1972-ben ismét átépítették, egy 200 lóerős SKL dieselmotort kapott és az átépítési munkálatok után a befogadóképessége 140 főről 84 főre csökkent. 1988-ban a Csobánc részt vett a Vadon című film forgatásán. Egy dereglyét vontatott Siófokra. Ezen voltak a szivattyúk melyekkel a Kelén fedélzetét locsolták, hogy így imitáljanak vihart a film egyik jelenetéhez.

Balogh Zsolt a Csobáncon dolgozott a jelenet forgatásakor. Így idézi fel emlékeit: „A Csobáncon voltam akkor kormányos Nemes Gyulával, mi vontattuk a dereglyét a Kelén mellé, amin a szivattyúk voltak a viharhoz. Volt ott egy halom ember, főleg sólyatériek, akik a hajó másik oldalához kötött dereglyén voltak- itt

nem látszott a filmen, és hintáztatták a hajót,
amíg a szivattyúk nyomatták a vizet a fedélzetre.
Így lett a viharos jelenet. Sokszor vízi taxiként is
üzemeltünk, a színészeket és a forgatáshoz
tartozó személyzetet vittük a Kelénhez, amikor
már kint voltak. Andorrai Pétert sokszor
szállítottuk. "

1989-ben átépítették motoros nosztalgia
hajónak, befogadóképessége 66 főre csökkent.
2011-ben ismét főgép cserén esett át ekkor kapta
meg a ma is benne dübörgő Solé-Diesel motorját.
Napjainkban is a Balatonon közlekedik.

SZIGLIGET

Szigliget (Forrás: www.pannoniahajo.hu)

Legnagyobb hossz:	25,32 m
Hossz a függélyek között:	23,81 m
Legnagyobb szélesség:	5,78 m
Szélesség a főbordán:	5,38 m
Fixpont magasság:	7,60 m
Oldalmagasság:	2,90 m
Legnagyobb merülés:	1,67 m
Főgép típus:	SKL 6 NVD 26-2
Főgép teljesítmény:	200 LE

A Szigliget belülről (Forrás: www.pannoniahajo.hu)

A Szigliget a Csobánc testvérhajója megy egy a Balaton északi partján Veszprém megyében fekvő településről kapta a nevét. A hajó ma Pannónia néven közlekedik étteremhajóként a Pannon-Ship Kft tulajdonában.

A hajó elülső fedélzete nyitott a Csobáncnál megfigyelhető nyitott felülről fedett utasterét a jelenlegi tulajdonosa beépíttette, hogy éttermet alakítson ki benne és a jelzőárbocát is eltávolíttatta. A Szigligetet 1927-ben építették Budapesten. Alkatrészenként szállították Siófokra ahol összeszerelték és vízrebocsátották. 1944. október 15-én a tihanyi kikötőben hátulról nekiütközött az akkor még gőzgéppel üzemelő Jókainak. Utóbbi súlyosan megrongálódott. 1944. december elsején egy esetleges légi támadástól tartva légelhárító fegyverekkel szerelték fel a balatonfüredi hajógyárban. 1945. március 26-án a németek felrobbantották Balatonfüreden. 1946-ban kiemelték és helyreállították. 1947-ben 200 lóerős Láng OML dieselmotorját egy ugyanakkora teljesítményű Ganzra cserélték. Az 1980-as években Pannónia néven áthelyezték a Dunára. 1995-től 2006-ig a Mohácsi Városgazdálkodási és Révhajózási Kft tulajdonában volt. 2003-ban teljesen felújították és ekkor nyerte el jelenlegi kivitelét. 2006-óta a Pannon-Ship Kft tulajdonában közlekedik a Dunán.

CSONGOR

Legnagyobb hossz:	22,58 m
Hossz a függélyek között:	21,20 m
Legnagyobb szélesség:	5,23 m
Szélesség a főbordán:	4,97 m
Fixpont magasság:	6,23 m
Oldalmagasság:	2,85 m
Legnagyobb merülés:	1,60 m
Főgép típus:	DEUTZ BF4M 1013 Mi
Főgép teljesítmény:	160 LE

A Csongor eredeti LÁNG motorja

A Csongor eredeti LÁNG motorjának a gyári táblája

A Csongor a Balatoni Hajózási Zrt egyik 1927-ben épült nosztalgia hajója.. Nevét Vörösmarty Mihály 1830-ban írt Csongor és Tünde című drámai költemény férfi főszereplőjéről kapta. Egy testvérhajója van a Tünde.

Az eredetileg fatestű hajó főfedélzete nyitott, a hátsó kormányállás mögötti része felülről fedett. Mikor megépítették nem rendelkezett zárt utastérrel azt az 1957-es átépítés során alakították ki a fedélközben és egy drinkbárt és egy kártyaszalont rendeztek be benne.

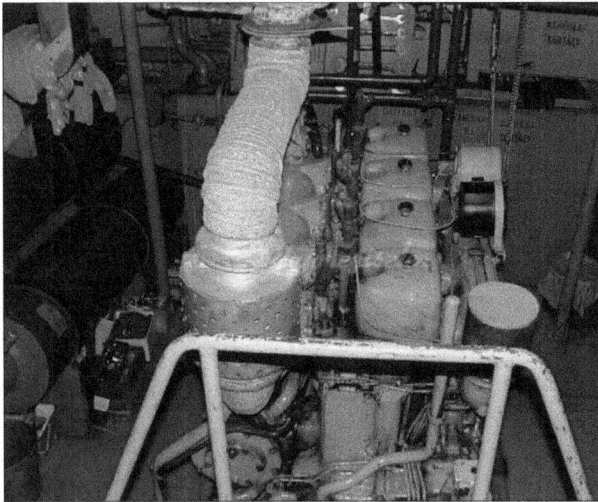

A Csongor motorja (Forrás: www.hajoregiszter.hu)

A Csongor 1927-ben épült az IBUSZ balatonfüredi jachtépítő telepén. 1944 októberének egyik éjszakáján az akkor még fa hajótestű Csongor oldala a gépháznál beszakadt, amikor összeütközött a Jókai gőzössel. A baleset azért történt, mert a Jókai legénysége összetévesztette a Csongor jelzőfényét a siófoki mólóéval. 1945. március 26-án a németek felrobbantották Füreden. 1957-ben elavult faépítésű hajótestét acélépítésűre cserélték és vélhetően ekkor alakították a fedélközben a ma is megtalálható zárt utasterét. 1972-ben ismét átépítették, megmagasították a hablemezt az orron és a 105 lóerős Láng dieselmotorját mely ma a Balatoni Hajózási Zrt igazgatósági épületének udvarán van kiállítva egy 100 lóerős SKL gyártmányú dieselmotorra cserélték. 2009-ben ismét főgép cserén esett át ekkor kapta meg a 160 lóerős Deutz motorját.

A Csongor ma is a Balatonon közlekedik a Balatoni Hajózási Zrt egyik nosztalgiahajójaként.

TÜNDE

Legnagyobb hossz:	23,64 m
Hossz a függélyek között:	22,71 m
Legnagyobb szélesség:	4,81 m
Szélesség a főbordán:	4,51 m
Fixpont magasság:	5,51 m
Oldalmagasság:	2,86 m
Legnagyobb merülés:	1,93 m
Vízkiszorítás:	64-75,7 t
Holtvizi sebesség:	10,5 km/h
Befogadó képesség:	100 fő
Főgép típus:	SOLE-Deutz SDZ-165
Főgép teljesítmény:	160 lóerő

A Tünde a Balatoni Hajózási Zrt egyik 1927-ben épült nosztalgia hajója.. Nevét Vörösmarty Mihály 1830-ban írt Csongor és Tünde című drámai költemény női főszereplőjéről kapta. A Csongor testvérhajója.

A Tünde motorja (Forrás: www.hajoregiszter.hu)

Az eredetileg fatestű hajó főfedélzete nyitott, a hátsó kormányállás mögötti része felülről fedett. Mikor megépítették nem rendelkezett zárt utastérrel azt az 1971-es átépítés során alakították ki a fedélközben és egy drinkbárt és egy kártyaszalont rendeztek be benne.

A Tünde a naplementében.

A Tünde testvérhajójához hasonlóan 1927-ben az IBUSZ jachtépítő telepén épült. 1937-ben a Badacsonyi kikötőtől nyugatra található kőpad az akkor még fatestű hajó külső palánkját 6-8 méter hosszan megrongálta. 1945. március 27-én a saját legénysége a révfülöpi kikötőben elsüllyesztette így akadályozva, meg hogy a németek felrobbantsák. A harcok elmúltával elsőként emelték ki és három napos megfeszített munkával helyreállították és újra üzembe helyezték. 1950-ben fa testét szegecselt acél testre cserélték ezen kívül egy zárt utastérrel szerelték fel. 1972-ben főgép cserén esett át ekkor egy 135 lóerős Benz MVMR dieselmotort kapott az ezt követő években szezonon kívül vontatásra is használták a hajót. 1990-1992-között a balatoni magánhajózási társaságok közül elsőként megalakult Vanyolai Hajózási Kft bérelte és Balatonfüreden üzemeltette sétahajóként. 2012-ben kapta meg a 160 lóerős SOLE-Deutz dieselmotorját mely napjainkban is üzemel benne. A Tünde ma is a Balatonon közlekedik a Balatoni Hajózási Zrt zászlója alatt.

SIÓ

A Sió 1942-ben (Forrás: www.hajoregiszter.hu)

Legnagyobb hossz:	18,40 m
Legnagyobb szélesség:	3,91 m
Oldalmagasság:	1,99 m
Legnagyobb merülés:	1,00 m
Főgép típus:	Aero rendszerű diesel
Főgép teljesítmény:	50 LE
Holtvizi sebesség:	19 km/h
Befogadó képesség:	50 fő

A Sió a Balatoni Hajózási Rt egyik motoros hajója volt. Neve a Rohán, a Kelén és a Helka révén már ismert balatoni népmeséből származik. A történetben Sió a Balaton elátkozott tündére, aki aranybuzogányos nádat tartott a kezében és haj helyett kígyók tekeregtek a fején. Két testvérhajója volt a Hattyú és a Gr. Klebersberg Kunó

A Siónak egy kis zárt utas fedélzete volt elől és egy nyitott utas fedélzete hátul melyet napsütés esetén le lehetett fedni.

A Siót akárcsak a Csongort és a Tündét az IBUSZ balatonfüredi jachtépítő telepén építették 1929-ben. Az 50 fő befogadó képességű hajó elsősorban kirándulóhajóként közlekedett míg nem 1942-ben bérbe nem vette a csendőrség melynek kötelékében kiképzőhajóként funkcionált. 1945-ben a visszavonuló német csapatok felrobbantották. A hajótest teljesen megsemmisült egyedül az Aero rendszerű dieselmotorja maradt meg belőle melyet az 1945. március 23-án felrobbantott Boglárba építettek be.

GR. KLEBERSBERG KUNÓ

Gr. Klebersberg Kunó a Limnológiai Intézet bérelt hajója horgonyon az 1930-as években. (Forrás: www.hajoregiszter.hu)

Legnagyobb hossz:	18,40 m
Legnagyobb szélesség:	3,91 m
Oldalmagasság:	1,99 m
Legnagyobb merülés:	1,00 m
Főgép típus:	Aero rendszerű diesel
Főgép teljesítmény:	50 LE
Holtvizi sebesség:	19 km/h

A Gr. Klebersberg Kunó a Balatoni Hajózási Rt. egyik motoros hajója volt. Nevét a Horthy korszak vallás és közoktatásügyi miniszterére Klebersberg Kunó után kapta. Két testvérhajója volt a Sió és a Hattyú.

A Gr. Klebersberg Kunónak egy kis zárt utas fedélzete volt elől és egy nyitott utas fedélzete hátul melyet napsütés esetén le lehetett fedni.

A hajót 1929-ben építették az IBUSZ Yachtépítő telepén Balatonfüreden és ugyanekkor került a Balatonra. Az 1930-as években a Tihanyi Limnológiai Intézet bérelte 1943-ban pedig a Magyar Királyi Csendőrség bérleményében állt az egyik testvérhajóját a Hattyút váltva. 1945-ben a visszavonuló német csapatok felrobbantották.

HATTYÚ

A Balatoni Hajózási Részvénytársaság HATTYÚ
személyszállító motorosa 1940 körül. (Forrás:
www.hajoregiszter.hu)

Legnagyobb hossz:	18,40 m
Legnagyobb szélesség:	3,91 m
Oldalmagasság:	1,99 m
Legnagyobb merülés:	1,00 m
Főgép típus:	Aero rendszerű diesel
Főgép teljesítmény:	50 LE

A Gattyú a Balatoni Hajózási Rt 1929-ben
épült motoros személyhajó a Gr. Klebersberg
Kunó és a Sió testvérhajója volt.

A Hattyúnak egy kis zárt utas fedélzete volt
elől és egy nyitott utas fedélzete hátul melyet
napsütés esetén le lehetett fedni.

A Hattyú 1929-ben épült az IBUSZ jachtépítő telepén és még ugyanebben az évben vízre is bocsátották. 1942-ben az újonnan felállított Magyar Királyi Csendőrség Siófoki Vízi Őrse bérbe vette a Balatoni Hajózási Rt-től és így a testület első szolgálati hajója lett. 1943-ban kicserélték testvérhajójára a Gr. Klebersberg Kunóra. 1945-ben a visszavonuló német csapatok felrobbantották.

BOGLÁR

Boglár (Forrás: www.hajoregiszter.hu)

Legnagyobb hossz:	17,97 m
Hossz a függélyek között:	17,67 m
Legnagyobb szélesség:	3,92 m
Szélesség a főbordán:	3,79 m
Fixpont magasság:	3,50 m
Oldalmagasság:	2,80 m
Legnagyobb merülés:	1,15 m
Vízkiszorítás:	29,5 t
Főgép típus:	Csepel D 613
Főgép teljesítmény:	85 LE
Holtvizi sebesség:	19 km/h
Befogadó képesség:	80 fő

A Boglár motoros a Körös-Túr-Szol Hajózási Társaság sétahajója mely a Somogy megyei település Balatonboglár után kapta nevét. A Boglárnak felépítményének elülső részében egy zárt utastér van a hátsó része nyitott, felülről fedett. A kormányállás a zárt utas tér tetején van. A Boglár 1935-ben épült Balatonfüreden. Építését a balatoni idegenforgalom egyenletes emelkedése indokolta. Főként alacsony utasforgalmú vonalakon közlekedett. 1945. március 26-án a németek felrobbantották Balatonfüreden. 1945-ben kiemelték és helyreállították melynek során a teljesen megsemmisült Sió motoros Aero rendszerű dieselmotorját építették bele. 1960-ban a 75 lóerős Láng OML dieselmotorja helyére egy 85 lóerős Csepel dieselmotort kapott melyet kilencszer cseréltek. Az új motorral sebessége a kezdeti 16 km/h-ról 19 km/h-ra növekedett. Balatoni pályafutásának néhány évében Balatonszemes és Balatonakali között közlekedett. 2006-ban az eladását tervezték erre azonban nem került sor. A 2007-2009-es hajózási szezont még a Balatonon töltötte. 2009 szeptemberében üzemen kívül helyezték két év múlva árverésen értékesítették és a Körös-Túr-Szol Hajózási Társaság vette meg. A Boglár ma Gyomaendrődön közlekedik sétahajóként.

BADACSONY

Badacsony (Forrás: hajokanno.balatonihajok.hu)

Legnagyobb hossz:	12,59 m
Legnagyobb szélesség:	2,80 m
Szélesség a főbordán:	2,52 m
Legnagyobb merülés:	0,90 m
Főgép típus:	Csepel HD 613
Főgép teljesítmény:	75 LE

A Badacsony a Balatoni Hajózási Rt motoros hajója volt. Nevét egy a Balaton északi partján fekvő település után kapta.

A Badacsonynak egy kis zárt utastere volt elől és egy nyitott utas fedélzete hátul melyet erős napsütés esetén le lehetett fedni.

A Boglár 1936-ban épült Balatonfüreden. Eredetileg vontatónak szánták, de 30 fős befogadóképessége miatt a személyszállítónak is bevált. 1947-ben átépítették. 1953-ban 75 lóerős Penta motorját egy ugyanakkora teljesítményű Láng OML-re cserélték. 1955-ben Csepel néven áthelyezték a Dunára. 1961-ben ismét főgép cserét hajtottak végre rajta ekkor egy szintén 75 lóerős Csepel gyártmányú dieselmotort kapott. 1963-ban kiselejtezték. További sorsa ismeretlen.

SZENT MIKLÓS

Szent Miklós (Forrás: www.hajoregiszter.hu)

Legnagyobb hossz:	18,53 m
Hossz a függélyek között:	18,24 m
Szélesség a főbordán:	3,96 m
Oldalmagasság:	1,90 m
Legnagyobb merülés:	1,08 m
Főgép típus:	Csepel D 613 dieselmotor
Főgép teljesítmény:	75 LE

A Szent Miklós kormányállása (Forrás:
www.hajoregiszter.hu)

A Szent Miklós mely a katolikus egyház legendás püspökéről kapta a nevét egy 288 típusú motoros személyhajó mely ma Tátika néven a Zánkai Gyermek is Ifjúsági Centrum tulajdonában közlekedik a Balatonon.

A Szent Miklós utas tere (Forrás:
www.hajoregiszter.**hu)**

A Szent Miklós utas tere (Forrás:
www.hajoregiszter.**hu)**

A hajó elülső részében egy kényelmes zárt utastér lett kialakítva a hátsó része nyitott, felülről fedett.

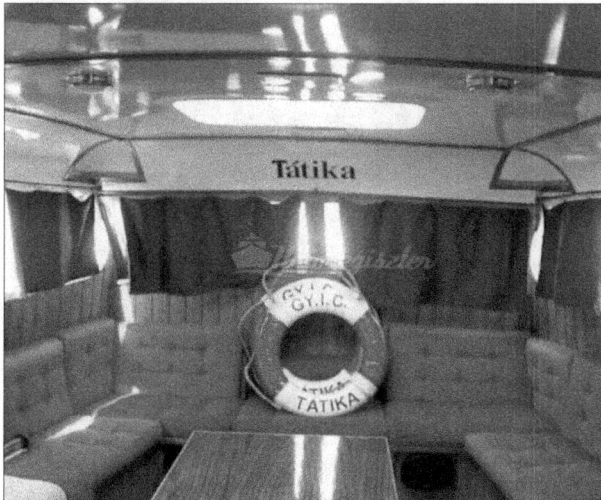

A Szent Miklós utas tere (Forrás: www.hajoregiszter.hu)

A Szent Miklós utas tere (Forrás:
www.hajoregiszter.**hu)**

A Szent Miklós 1938-ban épült
Balatonfüreden. Eredetileg Kiránduló és
átkelőhajónak szánták. 1944. december elsején
esetleges légi támadástól tartva felfegyverezték a
balatonfüredi hajógyárban. 1945. március 23-án
a németek felrobbantották Balatonfüreden. A
harcok elmúltával kiemelték és helyreállították.
1947-ben a Veszprém és Zala megye határán
fekvő vár után Tátika névre keresztelték át.
1955-ben 75 lóerős benzinmotorját egy
ugyanakkora teljesítményű Csepel gyártmányú
dieselmotorra cserélték. 1985-ben a Zánkai
Gyermek is Ifjúsági Centrumhoz került. 2008-
ban a 70 éves hajó visszakapta eredeti
kormányállását. Napjainkban is a Balatonon

közlekedik a Zánkai Gyermek és Ifjúsági
Centrum tulajdonában.

SZENT ISTVÁN

Szent István (Forrás: www.hajoregiszter.hu)

Legnagyobb hossz:	18,53 m
Hossz a függélyek között:	18,24 m
Legnagyobb szélesség:	4,28 m
Szélesség a főbordán:	3,96 m
Oldalmagasság:	1,90 m
Legnagyobb merülés:	1,08 m
Főgép típus:	REKIN 4000
Főgép teljesítmény:	100 LE

Az államalapító királyunkról elnevezett 288 típusú motoros személyhajó a Szent Miklós testvérhajója mely ma a Lumix Trade tulajdonában közlekedik Szlovákiában.

A hajó felépítményében egy zárt utastér
található a hátsó része nyitott, felülről fedett. A
kormányállás a zárt utas tér tetején van.

A Szent István utas terme (Forrás:
www.hajoregiszter.hu)

A Szent István 1938-ban épült
Balatonfüreden. Akárcsak testvérhajóját, a Szent
Istvánt is átkelő kiránduló hajóként használták.
1944. december elsején légelhárító fegyverzettel
látták el a Balatonfüredi hajógyárban. 1945.
március 23-án a visszavonuló németek
felrobbantották Balatonfüreden. A harcok
elmúltával kiemelték és helyreállították. 1955-
ben egy 100 lóerős dieselmotort kapott az
ugyanakkora teljesítményű benzinmotorja
helyébe. 1983-ban áthelyezték a Velencei tóra és
ezzel együtt a Velencei-tavi Hajózási Vállalathoz
került Gárdonyba és sétahajóként működött.

1992-ben egy 100 lóerős Perkins gyártmányú dieselmotort kapott. 2004-ben egy Rekin 4000-es dieselmotorra cserélték a Perkins motorját és a Gemenci Erdő és Vadgazdasági Rt-hez került Bajára. 2008 óta a Lumix Trade tulajdonában közlekedik a Bodrogon.

BELOIANNISZ

Beloiannisz (Forrás: www.hajoregiszter.hu)

Legnagyobb hossz:	44,13 m
Hossz a függélyek között:	42,02 m
Legnagyobb szélesség:	7,28 m
Szélesség a főbordán:	6,88 m
Fixpont magasság:	8,66 m
Oldalmagasság:	428 m
Legnagyobb merülés:	1,4 m
Vízkiszorítás:	210-278 t
Főgép típus:	SKL 6 NVD 36 AU-1
Főgép teljesítmény:	422.1 lóerő
Holtvízi sebesség:	20 km/h
Befogadó képesség:	650 fő

A Beloiannisz 1952 és 2003 között a Balaton legnagyobb hajója és egyben a Balatoni Hajózási Zrt zászlóshajója volt. Nevét a görög kommunista mozgalom 1952. március 30-án kivégzett mártírjáról valamint a róla elnevezett Fejér megyei görögök lakta településről kapta.

A Beloiannisz gépháza (Forrás: www.hajoregiszter.hu)

A Beloiannisz felépítményének belsejében egy hatalmas zárt utas teret rendeztek be a tetején a kormányállás mögött pedig egy félig teljesen nyitott félig felülről fedett utas tér kapott helyet. A kormányállás előtti rész teljesen nyitott valamint a főfedélzet is.

A Beloiannisz utas terme (Forrás: www.hajoregiszter.hu)

A Beloiannisz 1952-ben épült Balatonfüreden. Első útját Balatonfüred és Siófok között tette meg. Ez év július elejétől kezdve közlekedett menetrend szerint a Balatonon. 1954. május 30-án részt vett a felborult és elsüllyedt Pajtás gőzhajó hajótöröttjeinek kimentésében. 1969-ben stabilitási problémák miatt átépítették a felépítményét, a zárt fa mellvédet nyitottá alakították. 1974-ben 422,1 lóerős Láng gyártmányú dieselmotorját egy ugyanakkora teljesítményű SKL gyártmányú dieselmotorra cserélték. A menetrendszerinti közlekedés mellett diszkó hajóként is működött és a korszak könnyűzenei életének összes jeles képviselője koncertezett a fedélzetén. Ötvenegy éves balatoni működése során a Beloiannisz rengeteg embernek szerzett örömöt és őriz róla sok szép emléket.

Ezek egyike Pukló Péter aki matrózként dolgozott a hajón olykor akkor is amikor nem menetrend szerint közlekedett hanem diszkó hajóként szolgált az utasok rendelkezésére. Ő így emlékszik vissza: A kilencvenes évek elején mint segédkikötő-őr dolgoztam Siófokon gyerekként a cégnél ha kellett beugrottam matrózként többek közt a Beloianniszra is egy-egy estére. Hátsó vágató vagy hátsó bakosként, no meg annyit kerekezhettem, hogy kettéállt a fülem. Általában mindenki csajozott kormányozni senki nem akart így menetrendszerűen rám lőcsölték én meg örömmel tettem.

2003-ban lejárt a hajózási engedélye és rossz műszaki állapota miatt kivonták a forgalomból. Ezután 11 évig vesztegelt a siófoki üzemi kikötőben. 2014 márciusában a Sió-csatornán keresztül elhagyta a Balatont, majd június közepén a keselyűsi zsilipen átkelt a Dunára. Még abban a hónapban sólyára került Újpesten, valamint októberben futópróbát is végeztek vele, amikor is újra saját géperővel hajózott a Dunán. Azóta, azaz közel két éve ismét csak áll és várja sorsának jobbra fordulását a Neszmélyi Hajós skanzen területén.

TIHANY

A frissen vízrebocsátott Tihany (Forrás:
www.hajoregiszter.hu)

Legnagyobb hossz:	26,55 m
Hossz a függélyek között:	24,60 m
Szélesség a főbordán:	5,20 m
Oldalmagasság:	2,30 m
Legnagyobb merülés:	1,05 m
őgép típus:	2 x Andoria SW400
Főgép teljesítmény:	2x123.28 lóerő

A Tihany mely a barokk kori római katolikus templomáról híres Balaton parti település után kapta a nevét az elsőként megépült 301-es osztályú vízibusz. A Tihany ma Vár-kert néven a

Dunayacht & Dock Kft tulajdonában közlekedik a Dunán.

A hajó teste szegecselt alumínium szerkezetű felépítményének elülső részében egy zárt utastér van kialakítva a hátsó része nyitott. A kormányállás a felépítmény tetején van. 2001 óta a felépítmény hátsó és elülső részén egy-egy nyitott utas fedélzet van.

A Tihanyt a 301-es vízibuszok első példányaként 1956-ban építették Vácon Hakóczy Jenő, Fekecs Gábor és Guti Lajos tervei alapján. 1964-ben az eredetileg teljesen zárt utas terű felépítményének hátsó részét nyitottá alakították. Ezeket a módosításokat majdnem az összes 301-es vízibuszon elvégezték. Később áthelyezték a Dunára. 1980-tól a Tiszán és a Kőrösökön közlekedett. 1989-ben Horányban visszaépítették eredeti kivitelére. 1991-ben átkeresztelték Hegyaljára. 1994-2001 között a Tiszán közlekedett. 2001-ben a Dunayacht & Dock Kft megvásárolta, átkeresztelték Vár-kertre és a felépítmény hátsó majd az elülső részére egy nyitott felső fedélzetet építettek. Napjainkban is a Dunán közlekedik.

LELLE

Lelle (Forrás: www.hajoregiszter.hu)

Legnagyobb hossz:	26,55 m
Hossz a függélyek között:	24,60 m
Szélesség a főbordán:	5,20 m
Oldalmagasság:	2,30 m
Legnagyobb merülés:	1,05 m
Főgép típus:	2 x Rekin 6 hengeres diesel
Főgép teljesítmény:	2x75 LE
Holtvizi sebesség:	17-20 km/h

A Balatonlelle után elnevezett 301-es osztályú vízibuszok első példányainak egyike. Ma Csege néven, a Tiszán közlekedik.

A hajó teste szegecselt alumínium szerkezetű felépítményének elülső részében egy zárt utastér van kialakítva a hátsó része nyitott. A kormányállás a felépítmény tetején van.

A Lelle Vácon épült 1956-ban. Az 1965-ös átépítése során a felépítményének hátsó részét nyitottá alakították. 1966-ban Hortobágy néven a Dunára helyezték át később átkeresztelték Sárrétre. 1989-ben Horányban ismét átépítették. Az addig teljesen nyitott hátsó utasteret fedetté alakították és a két 75 lóerős Csepel dieselmotorját két ugyanakkora teljesítményű 6 hengeres Rekin gyártmányúra cserélték. A 2000-es évektől a Tiszán üzemel, ma az Előre Vízisport Kft hajójaként közlekedik Tokajban.

CSOPAK

A Csopak az 1966-os átépítés után (Forrás: www.ha

Legnagyobb hossz:	26,55 m
Hossz a függélyek között:	24,60 m
Legnagyobb szélesség:	5,32 m
Szélesség a főbordán:	5,20 m
Oldalmagasság:	2,30 m
Legnagyobb merülés:	1,05 m
Vízkiszorítás:	40,5 t
Főgép típus:	2 db. Csepel D 613. dieselmotor
Főgép teljesítmény:	2 x 85 (1800 rpm) LE
Hajtómű típusa:	C-261 irányváltó, 1 : 2,8 áttétel
Befogadó képesség:	150 fő

A Csopak utastere (Forrás: www.hajoregiszter.-hu)

A Csopak a 301-es vízibuszok egyike volt mely egy balatonfüredi járásban fekvő Veszprém megyei településről kapta a nevét. Sajnos már nincs meg. 2004-ben rossz műszaki állapota miatt szétbontották.

A Csopak utastere (Forrás: www.hajoregiszter.hu)

A Csopak felépítményének elülső részében egy zárt utastér volt berendezve, a hátsó része nyitott volt. A kormányállás a zárt utastér tetején kapott helyet.

A Csopak utastere (Forrás: www.hajoregiszter.-hu)

A Csopak 1956-ban épült Vácon. 1966-ban felépítményének hátsó részét nyitottá alakították. 2003-ban közlekedett utoljára a Balatonon. 2004-ben rossz műszaki állapota miatt szét kellett bontani.

A Csopak utastere (Forrás: www.hajoregiszter.-hu)

SZEMES

A Szemes 1995-ben (Forrás: www.hajoregiszter.hu)

Legnagyobb hossz:	26,55 m
Hossz a függélyek között:	24,60 m
Szélesség a főbordán:	5,20 m
Oldalmagasság:	2,30 m
Legnagyobb merülés:	1,05 m
Főgép típus:	2 db. Csepel D 613. dieselmotor
Főgép teljesítmény:	2 x 85 (1800 rpm) LE
Hajtómű típusa:	C-261 irányváltó, 1 : 2,8 áttétel
Befogadó képesség:	150 fő

A Szemes a 301-eas vízibuszok egyike volt. Nevét a Balaton déli partján Somogy megyében fekvő település Balatonszemes után kapta. Sajnos már nincs meg, 2003-ban szétbontották.

A Szemes felépítményének elülső része zárt hátsó része nyitott volt. A kormányállás a zárt utastér tetején volt.

A Szemes 1956-ban épült Vácon. 1965-ben felépítményének hátsó részét nyitottá alakították. 200-ben közlekedett utoljára a Balatonon. 2003 áprilisában szétbontották Siófokon.

DUNAKESZI

Dunakeszi (Forrás: www.hajoregiszter.hu)

Legnagyobb hossz:	26,55 m
Hossz a függélyek között:	24,60 m
Szélesség a főbordán:	5,20 m
Oldalmagasság:	2,30 m
Legnagyobb merülés:	1,05 m
Főgép típus:	2 db. Csepel D 613. dieselmotor
Főgép teljesítmény:	2 x 85 (1800 rpm) LE
Hajtómű típusa:	C-261 irányváltó, 1 : 2,8 áttétel
Befogadó képesség:	150 fő

A Dunakeszi a 301-es Vízibuszok egyike volt, de már nincs meg. 2004-ben szétbontották.

A Hajó felépítménye teljesen zárt nincs
nyitott utastere. A kormányállás a felépítmény
tetején volt.

**A Dunakeszi első utastere (Forrás:
www.Hajoregiszter.hu)**

A Dunakeszi Eredetileg Nagymaros néven
1958-ben épült Vácon a NIKEX számára. Két
évvel később elcserélte a MAHART-tal egy
uszályra így került a Balatonra és ekkor kapta a
Dunakeszi nevet is. 1991-ben a nevét Dörgicsére
változtatták. 1993-ban Balatonbogláron majdnem
összeütközött a Földvár motorossal. Három évvel
később viszont elhagyta a szerencséje ugyanis
összeütközött Lelle motorossal. Az ütközés során
a Lelle horgonya beleakadt a Dunakeszi
korlátjára és megrongálta azt. Utóbbi ütközés
során a Lelle horgonya 2002-es selejtezéséig
közlekedett a Balatonon. 2004-ben szétbontották.

LEÁNYFALU

A Leányfalu Siófokon (Forrás: www.hajoregiszter.hu)

Legnagyobb hossz:	26,55 m
Hossz a függélyek között:	24,60 m
Szélesség a főbordán:	5,20 m
Oldalmagasság:	2,30 m
Legnagyobb merülés:	1,05 m
Főgép típus:	2x Csepel D 613. dieselmotor
Főgép teljesítmény:	2 x 85 (1800 rpm) LE
Hajtómű típusa:	C-261 irányváltó, 1 : 2,8 áttétel
Befogadó képesség:	150 fő

A Leányfalu a 301-es vízibuszok egyike volt mely 1958 és 2008 között közlekedett a Balatonon. Sajnos ez a hajó sincs már meg.

2008-ban eladták Csehországba ahol gyújtogatás következtében olyan súlyosan megrongálódott, hogy szét kellett bontani, már ami megmaradt belőle.

A Leányfalu kormányállás (Forrás: www.hajoregiszter.hu)

A hajó felépítménye teljesen zárt volt. A többi testvérhajójával ellentétben rajta nem alakítottak ki nyitott utas fedélzetet se a hajótest hátsó részében se a felépítmény tetején.

A Leányfalu hajóharangja (Forrás:
www.hajoregiszter.hu

A Leányfalu 1958-ban épült Vácon. 1991-ben
nevét Földvárra változtatták. Utolsó balatoni
éveiben a Nyugati medencében közlekedett
fonyódi tartalékként. 2008-ban árverésen
értékesítették, 2009. március 9-én elhagyta a
Balatont. Felújították majd Csehországba az
Osobní Lodní Doprava tulajdonába került és
2011. április 27-én bocsátották vízre a Vranovi
víztározón Dyje néven. 2012. június 7-én
ismeretlen tettesek felrobbantották a vranovi
kikötőben. A hajó teljesen megsemmisült, ami
megmaradt belőle az szétbontásra került.

EDERICS

Az Ederics motoros (A képért köszönet egy volt iskolatársamnak)

Legnagyobb hossz:	26,55 m
Hossz a függélyek között:	24,60 m
Szélesség a főbordán:	5,20 m
Oldalmagasság:	2,30 m
Legnagyobb merülés:	1,05 m
Főgép típus:	2 x Andoria SW400 (Rekin)
Főgép teljesítmény:	2 x 123.28 lóerő
Hajtómű típusa:	SR12 irányváltó
Befogadó képesség:	90 fő

Az Ederics a Balatoni Hajózási Zrt két 301-es vízibuszának egyike. Nevét az Afrika

Múzeumáról ismert Veszprém megyei település Balatonederics után kapta.

A hajó felépítményének belsejében egy zárt utastér van berendezve, a tetején a kormányállás mögött pedig egy nyitott utastér lett kialakítva. Befogadóképessége 90 fő.

Az Edericset 1958-ban építették Vácon, eredetileg Horány néven került vízrebocsátásra. 1991-ben a felépítmény tetején a kormányállás mögött egy nyitott utasteret alakítottak ki és ekkor kapta az Ederics nevet. 2016-ban átkeresztelték Akalira. Napjainkban is a Balatonon közlekedik.

ALMÁDI

Az Almádi motoros (Forrás: a Balatoni Hajózási Zrt Facebook oldala)

Legnagyobb hossz:	26,55 m
Hossz a függélyek között:	24,60 m
Szélesség a főbordán:	5,20 m
Oldalmagasság:	2,30 m
Legnagyobb merülés:	1,05 m
Főgép típus:	2 x Andoria SW400
Főgép teljesítmény:	2 x 123.28 lóerő
Hajtómű típusa:	SR12 irányváltó
Befogadó képesség:	90 fő

Az Almádi – mely a Balaton északi partján fekvő település Balatonalmádi után kapta a nevét – annak a két 301-es vízibusznak az egyik melyek napjainkban is a Balatoni Hajózási Zrt zászlaja alatt közlekednek a Balatonon. A másik az Ederics.

A hajó felépítményének belsejében egy zárt utastér van berendezve, a tetején a kormányállás mögött pedig egy nyitott utastér lett kialakítva. Befogadóképessége 90 fő.

Az Almádi 1958-ban épült Vácon egy évvel később került a Balatonra. 1994-ben a felépítmény tetején a kormányállás mögött egy nyitott utasteret alakítottak ki és a két 85 lóerős Csepel dieselmotorja helyére két 123,28 lóerős Andoria SW400-as dieselmotort építettek be SR12-es irányváltóval. Napjainkban is a Balatonon közlekedik.

AKALI

Az Akali motoros (Forrás: a Balatoni Hajózási Zrt
Facebook oldala)

Legnagyobb hossz:	26,55 m
Hossz a függélyek között:	24,60 m
Szélesség a főbordán:	5,20 m
Oldalmagasság:	2,30 m
Legnagyobb merülés:	1,05 m
Főgép típus:	2 x Andoria SW400
Főgép teljesítmény:	2 x 123.28 lóerő
Hajtómű típusa:	SR12 irányváltó
Befogadó képesség:	90 fő

Az Akali az Ederics és az Almádi mellett
annak a két 301-es vízibusznak melyek még
most is a Balatonon közlekednek. Nevét a

Veszprém megyei település Balatonakali után kapta.

A hajó felépítményének belsejében egy zárt utastér van berendezve, a tetején a kormányállás mögött pedig egy zárt utastér lett kialakítva. Befogadóképessége 90 fő.

Az Akali 1959-ben épült Vácon és Megyer néven bocsátották vízre. Első tulajdonosa a NIKEX volt mely elcserélte a MAHART-tal egy uszályra így került a Balatonra. 1994-ben elvégezték rajta ugyanazokat az átépítési munkálatokat, mint az Almádin és az Edericsen. 2015-ben 18500000 Ft-ért eladták a Barcsi önkormányzatnak. 2016. február 15-én a Sió Csatornán keresztül levontatták a Drávára, átkeresztelték Jégmadárra és a Duna-Dráva Nemzeti Park területén állították forgalomba. Jelenleg is ott közlekedik.

SZÁRSZÓ

A Szárszó Vranovon (Forrás: www.hajoregiszter.hu)

Legnagyobb hossz:	26,90 m
Hossz a függélyek között:	24,96 m
Szélesség a főbordán:	5,14 m
Fixpont magasság:	5,19 m
Oldalmagasság:	2,25 m
Legnagyobb merülés:	1,15 m
Főgép típus:	2 db Csepel D 613 dieselmotor
Főgép teljesítmény:	2 x 85 (1800 rpm) LE
Hajtómű típusa:	C-261 irányváltó, 1 : 2,8 áttétel
Befogadó képesség:	150 fő

A Szárszó egy a Balaton déli partján fekvő településről-Balatonszárszóról elnevezett 3012-es típusú vízibusz mely ma Vranov néven Osobní Lodní Doprava tulajdonában közlekedik Csehországban.

A hajó felépítményében elől egy zárt hátul egy zárt utastér van kialakítva. A kormányállás a zárt utastér fölött kapott helyet. 150 főt képes szállítani.

A Szárszó 1962-ben épült Vácon és ugyanebben az évben került a Balatonra. A hajónak van két testvérhajója is, de őket Guineába szállították. A Szárszó 2006-ig közlekedett a Balatonon. 2007-ben a Capitain Daniel Kft vásárolta meg és április 23-án a Sió csatornán keresztül elvontatták a Balatonról. 2012-ben került a Osobní Lodní Doprava tulajdonába Csehországba. Napjainkban a Dyje folyón közlekedik és Vranovnak hívják.

ARÁCS

Arács (Forrás: a Balatoni Hajózási Zrt Facebook oldala)

Legnagyobb hossz:	26,55 m
Hossz a függélyek között:	24,60 m
Szélesség a főbordán:	5,20 m
Oldalmagasság:	2,04 m
Legnagyobb merülés:	1,06 m
Főgép típus:	2 x Andoria SW400
Főgép teljesítmény:	2 x 123.28 lóerő
Hajtómű típusa:	SR12 irányváltó
Befogadó képesség:	150 fő

Az Arács egy 3011-es típusú vízibusz mely egy ősi magyar településről, Balatonarácsról kapta melyet 1954-ben beolvasztottak

Balatonfüredbe. 24 testvérhajója közül csak egy a Révfülöp közlekedik még a Balatonon.

Az hajó felépítményében egy zárt utastér van a hátsó részt nyitottá alakították. 150 főt képes szállítani.

Az Arácsot 1963-ban építették Vácon. Kezdetben két 80 lóerős dieselmotor volt a főgépe melyeket a hozzájuk tartózó C-261-es típusú irányváltóval együtt hétszer cseréltek. 1992-ben új hajócsavarokat és kormánylapátokat kapott. 1995 óta két 123,28 lóerős Andoria SW400-as dieselmotorok és SR12-es irányváltó üzemel benne. Napjainkban is a Balatonon közlekedik a Balatoni hajózási Zrt tulajdonában.

Vörös Olivérnek Édesapja révén aki a Balatoni Hajózási Zrt munkatársa többször volt szerencséje utazni a hajón. Így mesél el egy 2015 nyarán történt esetet: „Az Arács Balatonboglár és Révfülöp között közlekedett. Egyik nap viharos volt a Balaton. És Révfülöpön pihentünk. De kaptunk egy Sétahajózást. Hát a kikötőből a kapitány kihozta a hajót. Majd apum vezette, aki matróz szerepet töltött akkor be. Na, hát apum átadta nekem a kormányt. Persze nem az első eset volt, hogy vezetem az Arácsot. Haladtunk a Koporsó hegy irányába (Badacsonyi hegy) szembe hullámokkal mentünk. Eddig nem is volt baj. Majd amikor mondta a kapitány, hogy forduljunk meg (egész a kikötőtől aludt a hegyig) elkezdtem a kormányt balra fordítani lassan. Erre nekiállt dülöngélni a hajó. Majd amikor jobban fordult már a hajó akkor még jobban dülöngélt. Majd az egész fülke tartalma elindult lefelé. A kapitány nagyon féltette a kis "konyháját" aztán rám kiabált, hogy fordítsam a kormányt. Akkor izomból megtekertem a kormányt ballra. Meg fordultunk. Alig bírtam egyenesbe visszahozni a hajót. Aztán már elindultunk vissza. A fülke össze lett pakolva. A Kapitány visszaaludt. Vissza fele már könnyebben vittem a hajót. Mivel akkor már hátulról jöttek a hullámok. és hát vissza értünk. Apum átvette a kormányt. És ő bevitte a kikötőbe. És a hajó kapitánya meg elment hátra kikötni. Kiszálltunk. Sikeresen végig vittük azt a sétahajókázást is. "

HÉVIZ

Héviz (Forrás: a Balatoni Hajózási Zrt Facebook oldala)

A Hévíz belülről (Forrás: Zátonyi Gergely -

www.bhkeptar.hu)

Legnagyobb hossz:	30,815 m
Hossz a függélyek között:	27,92 m
Legnagyobb szélesség:	6,47 m
Szélesség a főbordán:	6,17 m
Fixpont magasság:	6,23 m
Oldalmagasság:	2,73 m
Legnagyobb merülés:	1,31 m
Vízkiszorítás:	47-70 t
Főgép típus:	2 x Rába-MAN D 2156 HM 6
Főgép teljesítmény:	2 x 150 (1500 rpm) LE
Hajtómű típusa:	H-230 Pv irányváltó, 1 : 3
Holtvizi sebesség:	20 km/h
Befogadó képesség:	220 fő

A Héviz egy 303-as típusú vízibusz mely a gyógyfürdőiről híres Zala megyei város után kapta a nevét. Két testvérhajója van a szintén a Balatonon közlekedő Keszthely és az ismeretlen sorsú Slavin.

A hajó első részén egy kisebb méretű a hátsó részén egy közepes méretű fedett utastér, míg a sétafedélzeten nyitott utastér található. 220 főt képes szállítani.

A Héviz 1960-ban épült Vácon és ugyanekkor került a Balatonra. 1962-ben a két GANZ-Jendrassik főgépét két 150 lóerős Csepel 3D6-os dieselmotorra cserélték. 1975-ben két szintén 150 lóerős Rába-MAN dieselmotort kapott. 2004-ben teljes felújításon esett át. Napjainkban is a Balatonon közlekedik.

KESZTHELY

A Keszthely (Forrás: a Balatoni Hajózási Zrt
Facebook oldala)

Legnagyobb hossz:	30,83 m
Hossz a függélyek között:	27,92 m
Legnagyobb szélesség:	6,35 m
Szélesség a főbordán:	6,17 m
Fixpont magasság:	6,23 m
Oldalmagasság:	2,73 m
Legnagyobb merülés:	1,31 m
Vízkiszorítás:	49-73 t
Főgép típus:	2xRába-MAN D 2156 HM 6
Főgép teljesítmény:	2 x 150 (1500 rpm) LE
Hajtómű típusa:	H-230 Pv irányváltó, 1 : 3

Holtvizi sebesség:	20 km/h
Befogadó képesség:	220 fő

A Keszthely a másik a Balatonon közlekedő 303-as vízibusz. Nevét a Festetics-kastélyról is ismert Zala megyei kikötővárosról kapta.

A hajóban elől egy kisebb méretű, hátul egy közepes méretű zárt, panorámaablakos, a sétafedélzeten pedig, egy nyitott utastér található. Az első zárt utastérben büfét alakítottak ki. 220 főt képes szállítani.

A Keszthely 1963-ban épült Vácon és ugyanekkor került a Balatonra. 1975-ben a két 150 lóerős Csepel D6-os dieselmotorját két ugyanakkora teljesítményű Rába-MAN-ra cserélték. 2006-ban teljes felújításon esett át. Napjainkban is a Balatonon közlekedik.

RÉVFÜLÖP

Révfülöp (Forrás: a Balatoni Hajózási Zrt
Facebook oldala)

Legnagyobb hossz:	26,55 m
Hossz a függélyek között:	24,6 m
Szélesség a főbordán:	5,2 m
Fixpont magasság:	2,03 m
Legnagyobb merülés:	1,05 m
Vízkiszorítás:	26 t
Főgép típus:	Volvo Penta
Főgép teljesítmény:	2 x 85 (1800 rpm) LE
Hajtómű típusa:	C-261 irányváltó, 1: 2,8 áttétel
Befogadó képesség:	150 fő

A Révfülöp egy 3011-es típusú vízibusz mely
még mindig a Balatoni Hajózási Zrt tulajdonában
közlekedik a Balatonon. Nevét egy Veszprém
megyében a Tapolcai járásban fekvő település
után kapta.

A Révfülöp felépítményében egy sötétített
üveges, légkondicionált exkluzív kialakítású
utastér van kialakítva. A hajó hátsó része teljesen
nyitott.

A Révfülöpöt 1963-ban építették Vácon és
ugyanabban az évben került a Balatonra. Az
1990-es átépítés során alakították ki benne a már
említett sötétített üveges exkluzív zárt utasterét
és egy Volvo Penta típusú főgépet kapott Z-
hajtóművel. 1991-ben hidromechanikus
hajtóművel szerelték fel a Z-hajtómű helyett.
2017-eladták a BKV Zrt-nek 2017. március 13-
án hagyta el a Balatont a Sió csatornán keresztül.

A Révfülöp Budapesten. (A fotóért köszönet
Medcalf Richárdnak)

SZABADI

A Szabadi motoros (Forrás www.hajoregiszter.hu)

Legnagyobb hossz:	26,55 m
Hossz a függélyek között:	24,6 m
Szélesség a főbordán:	5,2 m
Oldalmagasság:	2,03 m
Legnagyobb merülés:	1,05 m
Vízkiszorítás:	26 t
Főgép típus:	2 x Andoria (SW400?)
Főgép teljesítmény:	2 x 123.28 lóerő
Hajtómű típusa:	C-261 irányváltó, 1: 2,8 áttétel
Befogadó képesség:	150 fő

A Szabadi motoros egy 3011-es típusú
vízibusz a Révfülöp testvérhajója mely egy
Somogy megyei település után kapta a nevét. A
hajó ma az Armada Hajózási Kft flottáját erősíti.

A Szabadi felépítményének belsejében egy
zárt utastér van a tetején a kormányállás mögött
egy nyitott felülről fedett utas fedélzet lett
kialakítva.

A Szabadi 1964-ben épült Vácon és
ugyanabban az évben került a Balatonra. 1964-
ben a Szakszervezetek Országos Tanácsához
került és sétahajóként üzemelt Balatonfüreden.
Az 1990-es években került a Vanyolai Hajózási
Kft-hez mely 2002-ben eladta a Millenium Boat
Kft-nek mely a Dunára szállíttatta. Érdekesség
hogy azzal a trélerrel szállították el a Dunára,
amely a Jókait visszahozta a Balatonra. 2005-től
2007-ig a Blue Star 2000 Kft, 2007-től 2012-ig
pedig a Atlantis Visegrád Club Kft volt a
tulajdonosa. 2012 óta közlekedik az Armada
Hajózási Kft zászlaja alatt.

A Szabadi Budapesten (A képért köszönet Medcalf Richárdnak)

GYÖRÖK

Györök (Forrás: a Balatoni Hajózási Zrt Facebook oldala)

Legnagyobb hossz:	26,73 m
Hossz a függélyek között:	24,6 m
Legnagyobb szélesség:	5,25 m
Szélesség a főbordán:	5,2 m
Fixpont magasság:	5,18 m
Oldalmagasság:	2,03 m
Legnagyobb merülés:	1,15 m
Vízkiszorítás:	26-44,6 t
Főgép típus:	2 db. Csepel D 613. dieselmotor
Főgép teljesítmény:	2 x 85 (1800 rpm) LE
Hajtómű típusa:	C-261 irányváltó, 1 : 2,8 áttétel

Holtvizi sebesség:	16 km/h
Befogadó képesség:	150 fő

A Györök a Révfülöp és a Szabadi testvérhajója mely egy Zala megyei település után kapta a nevét. Sajnos már nincs meg 2013-ban árverésen értékesítették.

A Györök felépítményének belsejében egy zárt a tetején a kormányállás mögött egy nyitott felülről fedett utastér lett kialakítva.

A hajót 1963-ban építették Vácon és ekkor került a Balatonra. 2012-es forgalomból történő kivonásáig közlekedett a Balatonon. 2013-ban tulajdonosa a Balatoni Hajózási Zrt árverésen értékesítette. A hajó jelenleg Sóskúton áll egy telken.

SIRÁLY

Sirály (Forrás: hajokanno.balatonihajok.hu)

Legnagyobb hossz:	26,95 m
Hossz a függélyek között:	22,20 m
Szélesség a főbordán:	4,40 m
Fixpont magasság:	4,46 m
Oldalmagasság:	1,56 m
Legnagyobb merülés:	1,10 m
Főgép típus:	1 db M 50 dieselmotor
Főgép teljesítmény:	1200 LE

A Sirály egy Rakéta típusú hordszárnyas hajó volt mely 1993-ban közlekedett a Balatonon.

A hajónak nem volt felépítménye a hajótestben rendeztek be egy zárt utasteret, a hátsó rész nyitott volt. A kormányállás a zárt utastér felett volt.

A Sirály 1967-ben épült Feodoszjában a Szovjetunióban. Eredetileg Csehszlovákiába szánták Rakéta néven, de nem vették át. 1976-ban került a MAHART-hoz és a Dunán állították forgalomba. 1985-ben kiselejtezték. 1989-1993 között a Balatonon közlekedett X1-X2 jelzéssel Siófok és Keszthely között Balatonfüred, Tihany rév, Balatonföldvár és Badacsony érintésével valamint Y1-Y2 jelzéssel Fonyód és Badacsony között. 1993-ban bevontatták Siófokra további sorsa ismeretlen.

SIÓFOK

Ilyen volt 2015-ig

Ilyen lett.

Legnagyobb hossz:	29,75 m
Hossz a függélyek között:	27,60 m
Szélesség a főbordán:	10,00 m
Fixpont magasság:	10 m
Oldalmagasság:	2,90 m
Legnagyobb merülés:	1,45 m
Főgép típus:	2 Deutz D7 dieselmotor
Főgép teljesítmény:	2 x 200 LE
Hajtómű típusa:	Z-200
Befogadó képesség:	400 fő

A Siófok a Balatoni hajózási Zrt három Z hajtásos katamaránjának egyike. Nevét a Balaton fővárosának is nevezett Somogy megyei városról-Siófokról kapta. Két testvérhajója van a Füred és a Badacsony.

A hajó eredetileg úgy nézett ki, hogy a hajótest belsejében egy nagyméretű, zárt, panoráma ablakos utastér lett kialakítva. A fedélzet hátsó részében elhelyezett felépítményének alsó szintjén egy kisebb zárt utastér a felső szinten pedig a kormányállás lett kialakítva. A felépítmény előtt egy tágas nyitott utas fedélzete volt. 2015-2016-ban Csonka Dávid hajómérnök tervei alapján és irányításával átépítették. Az eddiginél sokkal korszerűbb felépítményt kapott az alsó szinten továbbra is egy nagyméretű zárt utastere van az igazi változás a felső fedélzeten látható. A sétafedélzeti felépítményt a fedélzet elülső részére helyezték, és egy prémium kategóriás kávézót valamint a kormányállást alakították ki benne. A fedélzet hátsó részét félig nyitottá félig felülről fedetté alakították. A Siófok a Balatoni Hajózási Zrt teljesen akadálymentesített hajója. Az alsó és a felső fedélzet közötti közlekedést a kerekes székesek számára lépcsőlift biztosítja, amelynek maximális terhelhetősége 300 kg. A lépcsőlift biztonsági okokból a hajó többi rendszerétől független akkumulátorról üzemel. Ennek van egy kapacitása, amit a lift gyártója kb. 20 fel-le útban határozott meg. Ez után egy jó ideig tölteni kell az akkumulátort, hogy tele legyen. Emiatt a felső fedélzeten csak 10-12 kerekes székes tartózkodhat egyszerre.

A hajó főgépe két 200 lóerős Deutz D7 dieselmotor, de a meghajtásáról két Z-200-as hajtómű gondoskodik. A Z-hajtómű egy függőleges tengely körül 360°-ban elforgatható hajócsavart hajt, melyet, kort gyűrű vesz körül. Ennek a hajtóműnek, az egyik előnye, a hagyományos hajócsavarral és kormánylapáttal szemben hogy sokkal jobban lehet manőverezni egy ilyen hajtóművel felszerelt hajóval. A másik előnye, hogy ha valami probléma merülne fel valamelyik hajtóművel, akkor ki lehet emelni a vízből és meg lehet javítani, a hajó ki sólyázása nélkül.

A Siófokot 1978-ban építették Újpesten. A Sió csatornán vontatták fel a Balatonra, a felépítményt a Siófoki Hajójavítóban építették rá. Napjainkban is a Balatoni Hajózási Zrt zászlaja alatt közlekedik 2015-ben a XXI. század igényeinek megfelelően átépítették."

Szalai Zsolt 2016. augusztus 2-án utazott a hajón. Így írja a hajóutat: „Számomra élmény volt utazni, a Balaton nagy része panorámaként tárult elém a hajóból nézve. A hajóra úgy kerültem, hogy kirándulni voltam ismerősökkel Balatonfüreden. Megbeszéltük, hogy Balatonfüredről Siófokra hajóval utazunk vissza. Az egyik otthoni cimborámmal, illetve egyetemi évfolyamtársaimmal voltunk a hajón.”

A Siófok alsó utas terme

Juhász Anett szintén 2006 nyarán utazott a hajón ő így emlékszik vissza a hajóra: „Nagy élmény mivel még soha nem voltam katamaránon. Én nem tudok úszni, de nem féltem rajta olyan simán ment és egyenletesen. Büfé volt a hajón tehát az időtöltés meg volt oldva a kilátás gyönyörű a hajóról. Élvezetes volt."

BADACSONY

Badacsony (Forrás: a Balatoni Hajózási Zrt
Facebook oldala)

Legnagyobb hossz:	29,75 m
Hossz a függélyek között:	27,60 m
Szélesség a főbordán:	10,00 m
Fixpont magasság:	5,55 m
Oldalmagasság:	2,90 m
Legnagyobb merülés:	1,45 m
Főgép típus:	2 db Rába-MAN D 2156 MT 6 dieselmotor
Főgép teljesítmény:	2 x 200 LE
Hajtómű típusa:	Z-200
Holtvizi sebesség:	14 km/h
Befogadó képesség:	400 fő

A Badacsony a Balatoni Hajózási Zrt
másodikként megépült katamaránja. Nevét a
Balaton északi partján Veszprém megyében
található 437,4 méter magas vulkanikus eredetű
hegyről kapta.

Tűzvédelmi gyakorlat a Badacsony fedélzetén

A hajótest belsejében egy nagyméretű, zárt,
panoráma ablakos utastér lett kialakítva. A
fedélzet hátsó részében elhelyezett
felépítményének alsó szintjén egy kisebb zárt
utastér a felső szinten pedig a kormányállás lett
kialakítva. A fedélzet elülső részén egy
nagyméretű nyitott utastér van.

A Badacsonyt 1979-ben építették Újpesten. A
hajótestet a Sió csatornán vontatták fel a
Balatonra a felépítményt már Siófokon építették
rá. A 2006. augusztus 20-i vihar - mely
Budapesten a tűzijáték alatt öt ember életét
követelte – a Balaton kellős közepén érte
miközben Fonyód felé tartott. A hajót 100-130
km/h-s szélben 1,5-2 méteres hullámok dobálták.

Ennek ellenére a hajó akkori parancsnokának Martin Henriknek sikerült biztonságban és hajszálpontosan bemanőverezni a hajót a kikötőbe.

A kapitány úr így emlékszik vissza hőstettére: „Az biztos, hogy nem a látványban gyönyörködtem! Úgy remegett a lábam, hogy moccanni se bírtam. Hajmeresztő, szerencsés eset volt - oszlatja el gyorsan a bravúros kikötés, a rendíthetetlen kapitány legendáját mosolyogva az ötvenegy éves Martin Henrik. - Egyszerűen az történt, hogy a hajót megemelte a szél, megfordította, és besodorta a kikötőbe. Én csak asszisztáltam ehhez."

2016-ban bérbe adták a július 6-10-e között megrendezésre került Balaton Sound zenei fesztiválra. Napjainkban is a Balatonon közlekedik.

FÜRED

A Füred belülről (Forrás: Zátonyi Gergely - www.bhkeptar.hu)

Legnagyobb hossz:	35,6 m
Szélesség a főbordán:	10,2 m
Fixpont magasság:	5,55 m
Oldalmagasság:	2,90 m
Legnagyobb merülés:	1,45 m
Főgép típus:	2 db Rába-MAN D 2156 MT 6 dieselmotor
Főgép teljesítmény:	2x295 kW
Hajtómű típusa:	Z-200

A Füred a harmadikként megépült katamaránja a Balatoni Hajózási Zrt-nek mely a híres Veszprém megyei üdülő város után kapta a nevét.

A Füred hajótestét a másik két testvérhajójával szerzet tapasztalatok alapján hosszabbra és áramvonalasabbra építették. Belsejében egy nagyméretű, zárt, panoráma ablakos utastér lett kialakítva. A fedélzet hátsó részében elhelyezett felépítményének alsó szintjén egy kisebb zárt utastér a felső szinten a kormányállás lett kialakítva. A fedélzet elülső részén egy nagyméretű nyitott utastér van.

A Füredet 1981-ben építették Újpesten. A hajótestet a Sió csatornán vontatták fel a felépítményt Siófokon építették rá. 2003. július 20-án miközben Siófokról Balatonfüred felé tartott Siófokot elhagyva le kellett állítani a bal motort, mert a hangok alapján úgy tűnt, hogy valami rátekeredett a hajócsavarra. Amikor kiemelték és megnézték kiderült, hogy egy 5 méter hosszú kötéldarab volt, amit vitorlásokon használnak. A kötelet eltávolították a hajtóművet elindították és folytathatja útját. Ez gyakran előfordul a vitorlázók hanyagsága miatt. 2004-ben fenéklemez cserét hajtottak végre rajta. Napjainkban is a Balatonon közlekedik.

NEMZETI REGATTA

A Nemzeti Regatta az átadásának napján
(Forrás: Zátonyi Gergely - www.balatonihajozas.hu)

Legnagyobb hossz:	33,5 m
Szélesség a főbordán:	5,3 m
Oldalmagasság:	2,55 m
Legnagyobb merülés:	1,6 m
Vízkiszorítás:	99,3 t
Befogadó képesség:	180 fő
Főgép típusa:	Doosan L086TIM
Főgép teljesítménye:	310.88 LE

A Nemzeti Regatta Siófokon még az indulása előtt (Forrás: Zátonyi Gergely - www.bhkeptar.hu)

A Nemzeti Regatta a Balatoni Hajózási Zrt Alexander Grin osztályú tengerparti személyhajója mely 2017-től közlekedik a Balatonon

Az Alexander Grin osztályú tengerparti személyszállító hajóknak két érdekességük van. Az egyik, hogy építésük során olyan acéllemezeket is felhasználtak melyeket a Náci Németországból hoztak el hadizsákmányként vagy jóvátételként. A másik, hogy úgy tervezték meg őket, hogy akár őrnaszádként is funkcionálhassanak, kajütablakokat úgy méretezték, hogy 20 mm-es tarackokat ki lehessen dugni rajtuk. Több száz épült ebből a hajótípusból. Sokuk napjainkban is közlekedik a szovjetunió valamelyik utódállamában. A Balatoni Hajózási Zrt-nek négy ilyen hajója van. A Nemzeti Regatta főfedélzetén egy nagyméretű, elől és középen zárt, panorámaablakos, hátul és a sétafedélzeten nyitott utastér található. A hajótest belsejében pedig egy futurisztikus formatervezett berendezésű utastér kapott helyet. A jobb manőverező képesség és a minél kisebb közegellenállás érdekében bullba orra és orrsugár kormánya van.

A Nemzeti Regattát 1977-ben épült Iljicsevszkben az Odesszai Közlekedési Vállalat számára és Yasha Gordienko néven került vízrebocsátásra. 1992-ben több hajóval együtt eladták, a Dunára, Jugoszláviába került ismeretlen ukrán tulajdonban. A délszláv háború idején egy karavánba besorozva került Magyarországra Havanna néven. 1999-ben az Opel Lózs lett a tulajdonosa és átkeresztelték Beatrixra. A 2000-es évek második felében üzemen kívül állt Vácon. 2011-ben az Operett hajó Műsor-Rendezvényszervező Kft tulajdonában üzemen kívül állt az Újpesti öbölben. A Balatoni Hajózási Zrt 2014-ben vásárolta meg azzal a céllal, hogy felújítsa, és a Balatonon állítsa forgalomba. 2015-ben felvontatták a Balatonra, hogy a siófoki hajójavítóban megkezdjék felújítását Csonka Dávid okleveles hajómérnök tervei alapján. Felújítási munkálatai 2017 tavaszára fejeződtek be. A főfedélzet és a belső utastér teljesen akadály mentesítve valamint orrsugár kormány és bullba orr került beépítésre. Első útját a Balatonon 2017. április 15-én, Nagyszombaton tette meg a Balatonon a Siófok - Balatonfüred - Tihany útvonalon.

LELLE

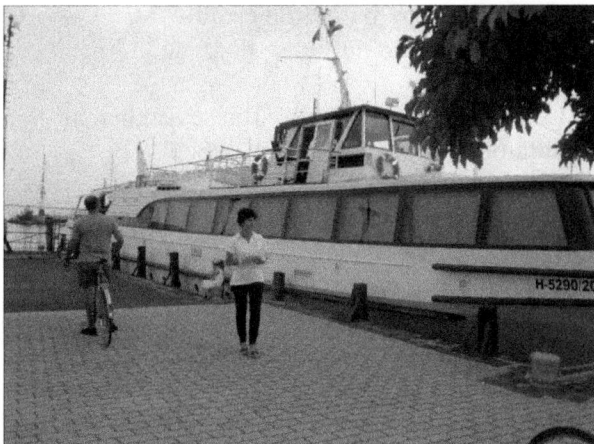

A Lelle a kikötőben (A képet egy volt
iskolatársamtól kaptam)

Legnagyobb hossz:	33,5 m
Szélesség a főbordán:	5,3 m
Oldalmagasság:	2,55 m
Legnagyobb merülés:	1,6 m
Főgép típus:	2xCaterpillar 3406 DITA
Főgép teljesítmény:	309.54 kóerő
Holtvizi sebesség:	24 km/h

A Lelle a Balatoni Hajózási Zrt négy
Alexander Grin osztályú tengerparti
személyhajának egyike. 1978 óta közlekedik a
Balatonon. Nevét egy a Balaton déli partján

Somogy megyében található település Balatonlelle után kapta.

A Lelle főfedélzetén egy nagyméretű, elől és középen zárt, panorámaablakos, hátul és a sétafedélzeten nyitott utastér található. A hajótest belsejében pedig egy bárpulttal és büfével felszerelt tizenhat férőhelyes szalon van berendezve.

A Lellét 1978-ban építették Iljicsevszkben a Szovjetunióban és még abban az évben a Balatonra került. Hogy hogyan került Magyarországra, arra két történet van. Az egyik szerint a MAHART rendelt három uszályt és még kellett még egy hajót rendelni, mert meg kellett lennie egy adott összegű rendelésnek. A másik történet szerint pedig a MAHART-nek egy fegyverszállítmányt kellett eljuttatnia Bejrútba. A 2002-es átépítése során a 255 lóerős harckocsi motorjait két 309.54 lóerős Caterpillar dieselmotorra cserélték. 2009-ben felújították. Jelenleg is a Balatonon közlekedik.

SZÁNTÓD

2015 / 10 / 25 17 :

A Szántód belülről (Forrás: Zátonyi Gergely -

www.bhkeptar.hu)

Legnagyobb hossz:	33,5 m
Szélesség a főbordán:	5,3 m
Oldalmagasság:	2,55 m
Legnagyobb merülés:	1,6 m
Vízkiszorítás:	106 t
Főgép típus:	2xCummins
Főgép teljesítmény:	2x255 LE
Holtvizi sebesség:	24 km/h

A Szántód a Balatoni Hajózási Zrt négy Alexander Grin osztályú tengerparti személyhajának egyike. 2004 óta közlekedik a Balatonon. Nevét a Balaton déli partján Tihannyal szemben fekvő Somogy megyei település után kapta. Három testvérhajója van még a Lelle, a Fonyód és a Beatrix.

A hajó főfedélzetén egy nagyméretű, elől és középen fedett, panorámaablakos, hátul és a sétafedélzeten nyitott utastér található. A hajótest belsejében pedig egy bárpulttal és büfével felszerelt tizenhat férőhelyes szalon van berendezve.

A Szántód 1978-ban épült Herszonban a Szovjetunióban és Gulak Artyemovskiy néven került vízrebocsátásra. Kezdetben-Kijevben közlekedett ismeretlen tulajdonban. A MAHART 2003-ban vette meg ekkor kapta a Szántód nevet. A Balatonra szállítása a Sió alacsony vízállása miatt közúton történt, ami nem volt zökkenőmentes. Szállítása csak éjszaka volt lehetséges és volt, hogy napokig vesztegelt egy helyen, mert időbe tellett mire megtisztították előtte az utat. Kisebb balesetek is történtek.

2003. november 9-én miközben a vontató tankolt a rosszul lefékezett tréler elszabadult és belerohant egy vegyesboltba. Végül 2003. november 16-án került a Balatonra. A 2004-es szezontól a Tihany – Kenese vonalon közlekedett. 2006-2007-ben teljesen átalakították. A két 255 lóerős harckocsi motorjainak helyébe két ugyanakkora teljesítményű Cummins motorok kerültek, a belsejébe sötétített ablakokat építettek be valamint egy büfé és egy kisebb utastér került kialakításra.

A Szántód Siófokon

Az Szinyéri Béla utazott a hajón a feleségével. Így emlékszik vissza: „Azon a napon éppen nyaralásunk első napját kezdtük. A rádióban hallottuk, hogy van lehetőség ingyen utazni a hajón. A Vodafone aznap kapcsolta be a 4G hálózatot és ezért lufikat kellett felengedni. Maga a hajó a Class fm logóval volt fel díszítve és Vodafone lufikkal. Fent volt egy terasz, ahonnan be lehetett látni a Balatont. Bent az étterem része elég kulturált volt. "

Napjainkban is a Balatonon közlekedik.

FONYÓD

A Fonyód motoros (Forrás: a Balatoni Hajózási Zrt Facebook oldala)

Legnagyobb hossz:	33,5 m
Szélesség a főbordán:	5,3 m
Oldalmagasság:	2,55 m
Legnagyobb merülés:	1,6 m
Főgép típus:	2xCartelpillar 3406 DITA
Főgép teljesítmény:	2x224 kW
Holtvizi sebesség:	24 km/h
Befogadó képesség:	180 fő

A Fonyód a Balatoni Hajózási Zrt négy Alexander Grin osztályú tengerparti személyhajának egyike. Nevét a Somogy megyei város Fonyód után kapta.

A hajó főfedélzetén egy nagyméretű, elől és középen zárt, panorámaablakos, hátul és a sétafedélzeten nyitott utastér található. A hajótest belsejében pedig egy bárpulttal és büfével felszerelt tizenhat férőhelyes szalon van berendezve.

A Fonyódot 1981-ben építették Herszonban. Az 1990-es években OM-22 jelzéssel közlekedett. A MAHART 2002-ben vette meg és a rá következő évben az egyik testvérhajójának, a Lellének a mintájára felújították. 2003-ban volt a hivatalos átadási és névadó ünnepség Fonyódon. Napjainkban is a Balatonon közlekedik.

AQUA PANNONIA

Az Aqua Pannonia (Forrás: a Balatoni Hajózási
Zrt Facebook oldala)

Legnagyobb hossz:	23,20 m
Hossz a függélyek között:	21,54 m
Legnagyobb szélesség:	5,46 m
Szélesség a főbordán:	5,26 m
Oldalmagasság:	1,61 m
Legnagyobb merülés:	1,04 m
Vízkiszorítás:	60,54 t
Főgép típus:	2 x CUMMINS 6 BT 5,9 M
Főgép teljesítmény:	2 x 165 (2100f/p) LE
Hajtómű típusa:	BW 61-1 típusú 1:3,555 áttételű irányváltóval

Az Aqua Pannonia egy 1977-es típusú szolgálati motorhajó mely 1982 óta közlekedik a Balatonon.

Az Aqua Pannoniának egy oszlopokkal alátámasztott, könnyűszerkezetű tetővel fedett, de oldalt nyitott utas fedélzete van a kormányállás mögött valamint egy nyitott utas része az orrban. A hajótest ívelt bordaformával, alagutas farkiképzéssel és erősen felhúzott hajóorral rendelkezik. Vasszerkezete haránt bordarendszerben készül, 500 mm-es bordaosztással, teljes egészében hegesztett kivitelben. Orrtéri közbenső bordák beépítése alkalmassá teszi tört jégben való hajózásra is. Személyszállítóként 50 főt képes szállítani.

Az Aqua Pannónia a Tüskevár c. 2012-es filmben

Az Aqua Pannonia 1982-ben épült Balatonfüreden. Első tulajdonosa a Dél dunántúli Regionális Vízmű és Vízgazdálkodási Vállalat az ivóvíz-kivételi művek bójáinak karbantartására használta. 1999-ben 150 lóerős Rába motorjait 165 lóerős Cummins motorokra cserélték. A Balatoni Hajózási Zrt 2004-ben vásárolta meg és a rá következő évben a Siófoki Hajójavítóban személyszállító és munkahajóvá építette át. A hajó Fekete István 1957-ben írt Tüskevár című 2012-es filmfeldolgozásában is látható. Napjainkban is a Balatonon közlekedik.

SZENT MIKÓS

Legnagyobb hossz:	**41,62 m**
Legnagyobb szélesség:	**9.00 m**
Oldalmagasság:	**2,10 m**
Legnagyobb merülés:	**1,2 m**
Vízkiszorítás:	**221 t**
Főgép típus:	**IVECO AIFO**
Főgép teljesítmény:	**2x800 LE**
Holtvizi sebesség:	**27 km/h**

A Római Katolikus Egyház legendás püspökéről elnevezett hajó a Balatoni Hajózási Zrt flottájának zászlóshajója.

A hajó felső fedélzetén egy nagyméretű tágas, nyitott, de felülről fedett, valamint egy kisebb zárt utastér került kialakításra. Az alsó fedélzeten egy nagyméretű, kényelmes, panorámaablakos csaknem 250 m² nagyságú egyetlen közbenső alátámasztás nélkül megépített, légkondicionált és fűthető zárt utasteret rendeztek be. Kormányszerkezete hidraulikus és kormánykerék helyett joystick-kal kell irányítani.

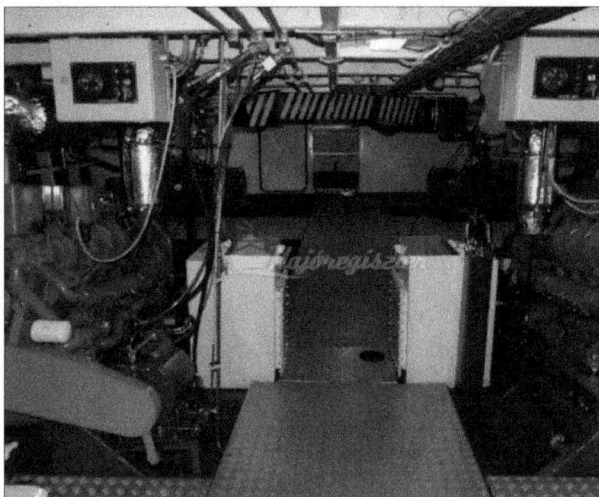

A Szent Miklós gépháza (Forrás:
www.hajoregiszter.**hu)**

A Szent Miklós 1999-ben épült Eregliben Törökországban és Kaptan Sevketiyidere néven került vízrebocsátásra. Kezdetben átkelőhajóként közlekedett a Boszporuszon. Megvásárlását követően 2003-ban hozták a Dunára. A Sió alacsony vízállása miatt a hajó Balatonra vontatására nem volt lehetőség így két évig Balaton I. néven, a Dunán tartózkodott és rendezvényhajóként funkcionált a Panoráma Deck Kft üzemeltetése alatt. 2005-ben leszerelt felsőfedélzettel hozták a Balatonra. 2006-ban történt a hivatalos névadó ünnepség. Ekkor kapta a Szent Mikós nevet. Napjainkban is a Balatonon közlekedik.

A hajón kifogástalan rend van erről jelenlegi kapitányának Molnár Endre a www.ridikul.hu-nak *adott interjújában beszél: „Amióta a Balatonon van, azóta hajózom a Szent Miklóssal. Gyönyörű hajó, amelynek méretei utasként is lenyűgözőek. Ahogy lenyűgöző tisztasága is, a pirosra festett fedélzet csillogása, a mértani pontossággal feltekert kötelek. A gépház ragyogása. És elgondolkodtató a fedélzeten, az utasokkal foglalkozó, azokat fogadó matrózok fegyelmezettsége és kedvessége is. A rend. Mert a hajón REND van. A Szent Miklós fedélzetén, a vízen is biztonságban érzem magam. Rendnek is kell lennie, ez elengedhetetlen, hiszen a vízen, a Balatonon is bármi megtörténhet, baj esetén nincs idő rosszul feltekert, hanyagul megcsomózott kötelekkel birkózni. Szanaszét hagyott tárgyakat kerülgetni. A hajó személyzetének pedig felkészültnek és megbízhatónak kell lennie – így lehet csak garantálni az utasok biztonságát"*

SZIGLIGET

A Szigliget sétafedélzete (Forrás: Zátonyi Gergely -

www.bhkeptar.hu)

Legnagyobb hossz:	40,4 m
Szélesség a főbordán:	6,60 m
Legnagyobb szélesség:	7,2 m
Oldalmagasság:	1,90 m
Legnagyobb merülés:	1,10 m
Főgép típus:	MAN D2866 LXE
Főgép teljesítmény:	2x250 kW
Holtvizi sebesség:	20 km/h
Befogadó képesség:	300 fő

A Szigliget a Balatoni Hajózási Zrt második legnagyobb hajója. Nevét akárcsak a Csobánc testvérhajója a Balaton északi partján fekvő településről kapta a nevét ahol vár is van.

A hajó felső fedélzetén egy nagyméretű tágas, nyitott, de felülről fedett, valamint egy kisebb zárt utastere van. Az alsó fedélzeten egy tágas, panorámaablakos, fűthető zárt utasteret alakítottak ki.

A Szigligetet 2008-ban kezdték el építeni Németországban, de a gyár ahol építették csődbe ment így csak félig készült el. A Balatoni Hajózási Zrt 2011-ben vette meg a félkész hajót 500000 Euróért a csődbe ment hajógyár felszámolójától. Az utat Dunaújvárosig egy önjáró rakterében tette meg onnan pedig tréleren szállították Siófok Kilitire. 2012-ben a Balatoni Hajózási Zrt a maga igényei szerint átépítette. Vízrebocsátására és keresztelésére 2012. szeptember 28-án került sor. Napjainkban is a Balatonon közlekedik.

VITORLÁSOK

SZATURNUSZ

A kibontott vitorlákkal (Forrás:
www.balatonihajozas.hu)

Legnagyobb hossz:	16,95 m
Hossz a függélyek között:	12,00 m
Legnagyobb szélesség:	3,70 m
Oldalmagasság:	2,92 m
Névleges vitorlafelület	130,9 m^2
Legnagyobb merülés:	2,00 m
Főgép típus:	Csepel D 413
Főgép teljesítmény:	50 LE

A Szaturnusz egy 150-es típusú cirkáló nagyvitorlás mely a Naprendszer hatodik bolygója után kapta a nevét. Volt egy Uránusz nevű testvérhajója mely értékesítésre került.

A hajótest alumíniumból készült a fedélzet, a felépítmény és az árbocozat fából. A két árboc közül az elülső nagyobb. A felépítmény a két árboc között van.

A Szaturnuszt 1955-ben építették. A hajótest és a felépítmény Vácon az árbocok és a belső berendezések pedig Balatonfüreden készültek. 2004-ben a parton volt a rá következő évben pedig átépítették a jelenlegi kinézetére. 2016-ban eladták a Vanyolai Hajózási Kft-nek, mert a 2005-ös átépítés miatt jelentősen csökkent az utas befogadóképessége ez azonban végül nem valósult meg. Értékesítésére 2016-ban került sor egy gyermektábor vette meg.

URÁNUSZ

Az Uránusz a Balatonon 1958-ban (Forrás:
www.hajoregiszter.hu)

Legnagyobb hossz:	16,95 m
Hossz a függélyek között:	12,00 m
Szélesség a főbordán:	3,70 m
Oldalmagasság:	2,92 m
Névleges vitorlafelület	130,9 m²
Legnagyobb merülés:	2,00 m
Főgép típus:	Volvo Penta MD 21
Főgép teljesítmény:	75 LE

Az Uránusz a Szaturnusz testvérhajója volt.
Nevét a Naprendszer hetedik bolygója után
kapta. Sajnos már nincs meg, mert a
közelmúltban értékesítésre került.

A hajótest alumíniumból készült a fedélzet, a felépítmény és az árbocozat fából. A két árboc közül az elülső nagyobb volt. A felépítmény a két árboc között volt.

Az Uránusz 1955-ben épült Balatonfüreden. 1972-ben főgép cserét hajtottak végre rajta. Csepel dieselmotorja helyére egy Volvo Penta dieselmotort kapott. 2003-ban üzemen kívül helyezték és 2007-ben Kilitire szállították, hogy értékesítés céljából felújítsák. Értékesítésére 2014-ben került sor. További sorsa ismeretlen.

KOMROK

KOMP I.

Legnagyobb hossz:	26,26 m
Hossz a függélyek között:	25,00 m
Legnagyobb szélesség:	9,24 m
Szélesség a főbordán:	9,00 m
Oldalmagasság:	2,00 m
Legnagyobb merülés:	0,80 m
Főgép típus:	Ganz JmD VIII 160
Főgép teljesítmény:	176 LE
Hajtómű típusa:	főgép mindkét végén hajócsavar

A Komp I. volt az első motoros komp mely Szántód rév és Tihany rév között közlekedett.

A Komp I. felépítménye melyben kizárólag a kormányállás foglalt helyet a fedélzet közepén kapott helyet. A jármű mindkét végén volt beszállóhíd így nem kellett forgolódnia mielőtt beállt a révbe. Mindkét végén volt hajócsavar és kormánylapát. A hajócsavarok közül mindig a hátsó működött, tehát valami szerkezettel kapcsolták át a hajtást. A kormánylapátok közül az elsőt egy stifttel rögzítették indulás előtt. Összesen 10 autót és 60 gyalogost volt képes szállítani.

Szántód rév és Tihany rév között a kompközlekedés évezredekig faépítésű evezővel vagy vitorlával hajtott faépítésű kompokkal történt. Az első motoros komp a Komp I. a két világháború között épült meg. A Komp I. 1927-ben épült Budapesten. Alkatrészenként szállították Balatonfüredre és ott szerelték össze. 1944-ben a visszavonuló németek elsüllyesztették Balatonfüreden két évvel később kiemelték és helyreállították. 1958-ban átépítették. A hajótestet 0,82 méterrel megszélesítették a nagyobb befogadóképesség érdekében. 1966-ig teljesített szolgálatot a Balatonon ekkor kiselejtezték és eladták a Vasas Sport Klubnak. További sorsa ismeretlen.

KISFALUDY SÁNDOR

A Kisfaludy Sándor 2010 augusztusában (Forrás:
www.hajoregiszter.hu)

Legnagyobb hossz:	35,54 m
Hossz a függélyek között:	32,37 m
Legnagyobb szélesség:	10,70 m
Szélesség a főbordán:	10,50 m
Oldalmagasság:	2,80 m
Legnagyobb merülés:	1,25 m
Vízkiszorítás:	218-304 t
Főgép típus:	2xSKL 6 NVD 26-A2
Főgép teljesítmény:	2x210 (750rpm) LE
Hajtómű típusa:	Voith-Schneider propeller
Holtvizi sebesség:	15 km/h

Befogadó képesség: 375 fő

A Kisfaludy Sándor gépháza (Forrás:
www.hajoregiszter.hu)

A Kisfaludy Sándor a másodikként megépült
motoros komp a Balatonon. Nevét a Magyar
Tudományos Akadémia alapítójáról kapta.

A Kisfaludy Sándor felépítménye a hajótest
egyik oldalán van melynek belsejében egy zárt a
tetején pedig egy nyitott utastér kapott helyet. A
kormányállás a hajótest fölé hídon van. Összesen
375 fő vagy 19 személygépkocsi, szállítására
alkalmas. Sőt a másik három később épült
komppal együtt tankok szállítására is alkalmas.
A Kisfaludy Sándor meghajtásáról két 2010
lóerős SKL dieselmotor és négy Voith Schneider
Propeller röviden VSP gondoskodik.

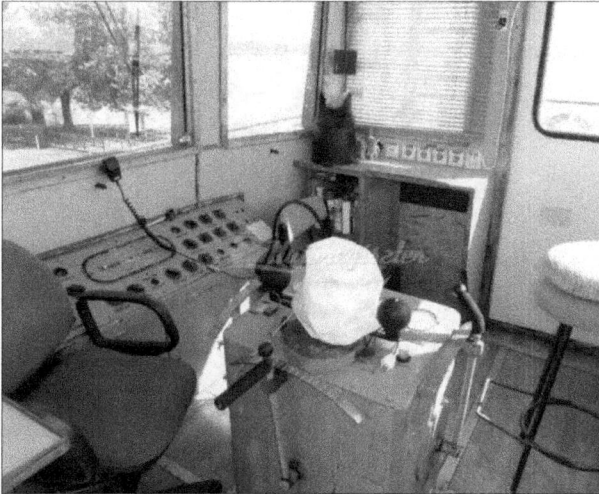

A Kisfaludy Sándor VSP vezérlőpultja (forrás: www.hajoregiszter.hu)

A Voith Schneider Propeller lapátokból áll melyek keresztmetszete a repülőgépek szárnyával azonos, a hajótest alján abból kiemelkedve egy függőleges tengely körül kör alakban helyezkednek el és forognak így állítva elő az előrehaladáshoz szükséges tolóerőt. A tolóerő nagyságát és irányát a lapátok állásszögének szabályozásával lehet változtatni. A Balatonon közlekedő kompoknak négy VSP-jük van. Egy Voith Schneider Propellerrel felszerelt hajót vagy joystickkal vagy a fenti képen látható vezérlőpulttal kell lehet irányítani.

Ilyen egy Voith Schneider Propeller (Forrás:
www.wikipedia.**org)**

A Kisfaludy Sándor 1961-ben épült Balatonfüreden és Komp II. néven került forgalomba. 1969-ben keresztelték át Kisfaludy Sándorra. A komp eredetileg úgy nézett ki, hogy mindkét oldalán volt felépítmény egy zárt és egy nyitott utas résszel. A kormányállást a két felépítményt összekötő hídra építették mely ma is látható. Az 1969-ben végrehajtott átépítés során az egyik felépítményt eltávolították a nagyobb befogadóképesség érdekében. 1975-ben Láng gyártmányú főgépeit két SKL gyártmányúra cserélték. Napjainkban is a Balatonon közlekedik és azon kívül, hogy embereket és járműveket szállít Tihany és Szántód között a Szántódi falunapi rendezvényeinek egyik színhelyeként és buli hajóként is funkcionál.

Vörös Olivér akinek Édesapja a Kisfaludy kompon dolgozik többször volt szerencséje utazni rajta. Így meséli el egyik útját a komppal:
„Tavaly nyáron (2016) volt a Balaton átúszás. És ez Tihany és Szántod rév között volt ez. Akkor is Apum volt a gépész és Tihany révből indultunk vissza Szántod révbe. Mire elindultunk elájult a parton egy ember. Na de ahhoz oda ért hamarabb a segítség. Aztán már elindultunk. Minden fedélzeten dolgozó lent volt a Lakótérben. Mint ahogy én is. Egyik pillanatban lekopogtattak. És le kiabáltak, hogy rosszul van egy ember. Erre mindenki gyorsan felfutott. Egy idősebb bácsi lett rosszul a hajón. És pont a slag alatt lett rosszul, ami pumpálta a vízpárát az emberekre. A személyzet elkezdett segíteni rajta. És a kapitány hívta a vízi mentőket. Akik hamar ide is értek a hajóhoz a víz közepén. Az egyik oldali fal le lett nyitva és azon keresztül jött fel egy vízi mentő. Majd ő elkezdte az ellátást. És a többiek meg a hajóval bejöttek a komp mellé. És ott jöttek fel a hajóra. De aztán hozták gyorsan a hordágyat is. És gyorsan rá is fektették a bácsit. Majd a lenyitott falhoz visszament a mentőhajó és a hordágyon fekvő bácsit ott segítették le a mentő hajóra. Majd utána a kapitány hangos

bemondóba kérte az utasokat, hogy egy hatalmas tapssal tapsolják meg a mentősöket. Illve a kapitány is mikrofonba megköszönte a munkájukat. És folytattuk utunkat szántód révbe."

KOSSUTH LAJOS

A Kossurh Lajos komp az átépítés után (Forrás:
www.hajoregiszter.hu)

Legnagyobb hossz:	41,24 m
Hossz a függélyek között:	38,07 m
Legnagyobb szélesség:	10,69 m
Szélesség a főbordán:	10,50 m
Oldalmagasság:	2,80 m
Legnagyobb merülés:	1,25 m
Főgép típus:	2xCaterpillar
Főgép teljesítmény:	2x200 LE
Hajtómű típusa:	Voith-Schneider propeller
Holtvizi sebesség:	14 km/h

A Kossuth Lajos a harmadikként megépült
motoros komp. Nevét az 1848-1849-es

forradalom és szabadságharc alatt alakult
Honvédelmi Bizottmány elnöke után kapta.

A komp felépítménye melynek belsejében
egy zárt a tetején pedig egy nyitott utastér van, a
hajótest oldalán van elhelyezve. A kormányállást
a felépítmény tetejére építették. Összesen 375 fő
vagy 19 személygépkocsi vagy tankok
szállítására alkalmas. Meghajtásáról két 200
lóerős Caterpillar dieselmotor és négy Voith
Schneider Propeller gondoskodik.

A Kossuth Lajost 1964-ben építették
Balatonfüreden. Eredetileg Komp III. néven
került forgalomba. Kezdetben mindkét oldalán
volt felépítmény belsejükben egy zárt a tetejükön
pedig egy nyitott utas térrel. A kormányállás a
két felépítményt összekötő hídon volt. 1966-ban
keresztelték át Kossuth Lajosra. 1975-ben két
210 lóerős SKL dieselmotorra cserélték a 200

lóerős Láng gyártmányú főgépeit. 1987-ben átépítették. A hajótestet 5,7 méterrel meghosszabbították, az egyik felépítményt és a hidat eltávolították és a kormányosfülke a megmaradt felépítmény tetejére került. 2006-ban az SKL főgépeket Catepillar dieselmotorokra cserélték. Jelenleg nagyfelújítás alatt áll a munkálatok befejeztével visszakerül a forgalomba, hogy embereket és járműveket szállítson Tihany és Szántód között valamint a Szántódi falunapi rendezvényeinek egyik színhelyeként és buli hajóként funkcionáljon.

SZÉCHENYI ISTVÁN

Széchenyi István komp

Legnagyobb hossz:	41,24 m
Hossz a függélyek között:	38,07 m
Legnagyobb szélesség:	10,69 m
Szélesség a főbordán:	10,50 m
Oldalmagasság:	2,80 m
Legnagyobb merülés:	1,25 m
Vízkiszorítás:	218-304 t
Főgép típus:	2 x Cummins
Főgép teljesítmény:	2x200 LE
Hajtómű típusa:	Voith-Schneider propeller

A Széchenyi István a negyedikként megépült motoros komp melyet a legnagyobb magyarról neveztek el kinek többek között a balatoni gőzhajózás megindítását is köszönhetjük.

A komp felépítménye melynek belsejében egy zárt a tetején pedig egy nyitott utastér van, a hajótest oldalán van elhelyezve. A kormányállást a felépítmény tetejére építették. Összesen 375 fő vagy 19 személygépkocsi vagy tankok szállítására alkalmas. Meghajtásáról két 200 lóerős Cummins dieselmotor és négy Voith Schneider Propeller gondoskodik.

A Széchenyi István 1968-ban építették
Balatonfüreden. Eredetileg Komp IV. néven
került forgalomba. Kezdetben mindkét oldalán
volt felépítmény belsejükben egy zárt a tetejükön
pedig egy nyitott utas résszel. A kormányállás a
két felépítményt összekötő hídon volt. 1969-ben
keresztelték át Széchenyi Istvánra. 1975-ben két
210 lóerős SKL dieselmotorra cserélték a 200
lóerős Láng gyártmányú főgépeit. 1988-ban az
egy évvel korábban átalakított Kossuth Lakos
mintájára átépítették. 2007-ben az SKL
főgépeket Cummins motorokra cserélték.
Napjainkban is a Balatonon közlekedik és azon
kívül, hogy embereket és járműveket szállít
Tihany és Szántód között a Szántódi falunapi
rendezvényeinek egyik színhelyeként és buli
hajóként is funkcionál.

BAROSS GÁBOR

Legnagyobb hossz:	41,30 m
Hossz a függélyek között:	39,50 m
Szélesség a főbordán:	10,50 m
Fixpont magasság:	6,15 m
Oldalmagasság:	2,80 m
Legnagyobb merülés:	1,25 m
Főgép típus:	2 db Caterpillar
Főgép teljesítmény:	2 x 230 LE
Hajtómű típusa:	Voith-Schneider propeller

A néhai közlekedési miniszter Baross Gábor nevét viselő motoros komp ötödikként épült meg és már 39 éve közlekedik a Balatonon.

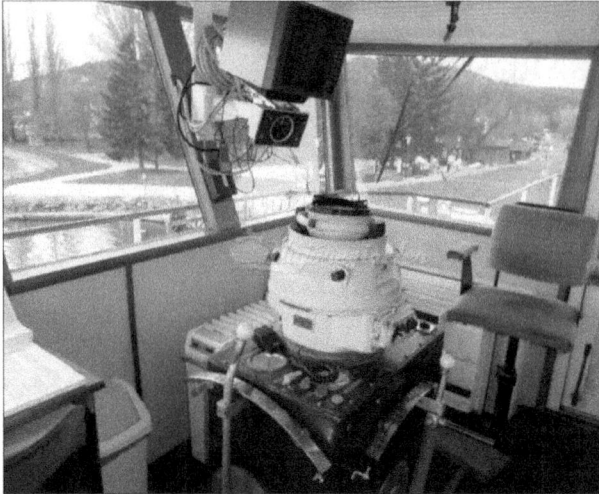

A Baross Gábor kormányállása (Forrás: www.hajoregiszter.hu)

A Baross Gábornak csak az egyik oldalán van felépítmény egy zárt és egy nyitott utas résszel. A kormányállás a felépítmény tetején van. A Kossuth Lajos és Széchenyi István kompokat ennek a kompnak a mintájára építették át. Meghajtásáról két 230 lóerős Caterpillar dieselmotor és négy Voith Schneider Propeller gondoskodik. Összesen 375 fő vagy 19 személygépkocsi vagy tankok szállítására alkalmas.

A Kőröshegyi Viadukt a Baross Gábor fedélzetéről

Varga Viktor fellépése a Baross Gábor fedélzetén

A Baross Gábort 1976-ban építették meg ötödikként a Szántód és Tihany között közlekedő kompok közül. Azóta közlekedik a Balatonon. Két 230 lóerős Caterpillar főgépét 2008-ban kapta a régi azonos teljesítményű SKL motorok helyére. Ezen kívül új ablaksorokat is kapott. Napjainkban is szolgálatban van és azon kívül, hogy embereket és járműveket szállít Tihany és Szántód között a Szántódi falunapi rendezvényeinek egyik színhelyeként és buli hajóként is funkcionál.

Források:

www.hajoregiszter.hu
http://hajokanno.balatonihajok.hu/
www.balatonihajozas.hu
www.balatonihajok.hu
http://amirolatortenelem.blog.hu/
A Balatoni Hajózási Zrt Facebook oldala
Wikipédia
www.ridikul.hu

*Köszönet a Balatoni Hajózási Zrt és a
Vanyolai Hajózási Kft munkatársainak a kézirat
elkészítéséhez nyújtott segítségükért. Jó
egészséget és sok sikert kívánok a vállalat
minden munkatársának.*

www.ingramcontent.com/pod-product-compliance
Lightning Source LLC
LaVergne TN
LVHW051236080426
835513LV00016B/1611